Lars Heese

# Geld verdienen mit Online-Auktionen

Die Deutsche Bibliothek – CIP-Einheitsaufnahme

Ein Titeldatensatz für diese Publikation ist bei
Der Deutschen Bibliothek erhältlich.

1. Auflage
**ISBN 3 - 8311 - 3309 - 3**

© 2002 Lars Heese
http://www.lars-heese.de
info@lars-heese.de

Herstellung: Books on Demand GmbH, Norderstedt

# INHALTSVERZEICHNIS

# I. EINLEITUNG

Während es in den USA bereits seit mehreren Jahren Online-Auktionen gibt, ist dieser Trend in Europa noch relativ neu. Die erste Online-Auktionsplattform eröffnete erst 1998. Mittlerweile gibt es viele Nachfolger. Die Zahl der Versteigerer und Bieter steigt überproportional. Diese Verkaufsmöglichkeit wird sowohl von Privat- als auch von Geschäftsleuten gern genutzt. Während manche Auktionen lediglich eine Laufzeit von 5 Minuten haben, dauern andere mehrere Tage oder sogar Wochen. In Auktionen wird mittlerweile alles angeboten, was rechtlich erlaubt ist.

Die ursprüngliche Auktion begann bereits im 17. Jahrhundert auf dem Kunstmarkt. Auf der herkömmlichen Auktion wird den Anwesenden ein Gegenstand zu einem Mindestpreis angeboten. Den Zuschlag erhält der, der das höchste Gebot abgegeben hat. Im Gegensatz zur Online-Auktion werden nur gebrauchte Gegenstände versteigert, die mit eigenen Augen betrachtet werden können. Dies ist bei einer Online-Auktion aufgrund der räumlichen Entfernung schwierig, wenn nicht sogar unmöglich. Daher ist bei der Versteigerung via Internet einiges zu beachten.

In diesem Buch lernst Du alles, was Du zu einer erfolgreichen Online-Auktion wissen musst. Es ist ein Lehrbuch und Nachschlagewerk zugleich. Du solltest dieses Buch einmal komplett durcharbeiten und dann je nach Bedarf wieder hervorholen, zum Beispiel für den Fall, dass Du einige HTML-Befehle benötigst.

Dieses Buch geht ausdrücklich nicht nach dem verlockenden Motto „2.000 Euro im Monat mit Online-Auktionen verdienen" vor. Es gibt leider viele dubiose und teure Anleitungen in elektronischer Form, die einem angeblich erklären, wie man mit Online-Auktionen schnell zu Geld kommt. Es mag aber auch gute Anleitungen geben. Dieses Buch sieht diese Verkaufsmöglichkeit realistischer und zeigt auf, wie man mit ein wenig Fleiß „Geld mit Online-Auktionen verdienen" kann, ohne dabei eine bestimmte Summe zu nennen, denn die Höhe des Verdienstes hängt allein von Dir ab.

# II. VOR DER AUKTION

## 1. Zeitmanagement

Gewinne machen kostet immer Zeit. Du solltest – wie anfangs gesagt – vor dubiosen Anleitungen zum Reichtum gewarnt sein. Jeder weiß, dass man auf dieser Welt absolut nichts geschenkt bekommt. Gewinne machen kostet Arbeit, Arbeit kostet Zeit. 2.000 Euro im Monat mit Online-Auktionen verdienen ist möglich, allerdings benötigt man dann entweder Produkte, die man sehr günstig einkaufen kann oder viel Zeit, damit man viel verkaufen kann. Als Teilzeitverkäufer mit 3 Stunden in der Woche ist es kaum möglich, 3.000 Euro im Monat nebenbei an Gewinn zu erzielen. Hängt man seinen Beruf an den Nagel, ist dies ohne weiteres denkbar. Der größte Teil der Online-Auktions-Verkäufer sind Teilzeitverkäufer und verdienen sich Geld dazu, um den eigenen Lebensstandard zu erhöhen. Wenn Du noch kein Geschäft hast, solltest Du als Teilzeitverkäufer in die Online-Auktionswelt einsteigen. Deinen jetzigen Job kannst Du immer noch kündigen.

Auch der Anfang als Teilzeitverkäufer kann sich lohnen. Es hängt aber – wie gesagt – von Deiner investierten Zeit ab. Die Erfahrung zeigt, dass aber jeder Mehreinsatz von Zeit mit einem überproportionalen Gewinn belohnt wird. Grafisch sieht das so aus:

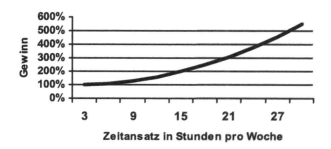

Warum ist das so? Angenommen, Du versteigerst eine Gummiente. Dann musst Du für diese Gummiente eine Marktanalyse durchführen, eine Artikelbeschreibung erstellen und irgendwann zum Postamt gehen (hier fehlen noch ein paar Schritte, die zur Vereinfachung erst mal weggelassen worden sind).

Du musst jetzt für diese Schritte folgende Zeiten aufwenden:

|                           |             |
|---------------------------|-------------|
| 1. Marktanalyse           | 1 Stunde    |
| 2. Artikelbeschreibung    | 0,5 Stunden |
| 3. Postamt                | 0,5 Stunden |
|                           | 2 Stunden   |

Nach zwei Wochen verkaufst Du noch einmal eine Gummiente, die Du in einem alten Umzugskarton gefunden hast. Jetzt sieht der Zeitaufwand so aus:

|                           |              |
|---------------------------|--------------|
| 1. Marktanalyse           | 0 Stunden    |
| 2. Artikelbeschreibung    | 0,25 Stunden |
| 3. Postamt                | 0,5 Stunden  |
|                           | 0,75 Stunden |

Die Marktanalyse hast Du ja schon erstellt und die Artikelbeschreibung hast Du (hoffentlich) auch gespeichert. Du musst also nur noch zum Postamt gehen. Wenn Du jetzt noch mehr Zeit investiert hast, dann hast Du vielleicht auch noch einen alten PC verkauft.

Der Zeitaufwand sieht bei dem PC wie bei der Gummiente aus dem ersten Beispiel aus. Die Gummiente kostet jetzt nur noch 0,5 Stunden Zeitaufwand, da Du ja wegen des PCs sowieso zum Postamt gehen musst. Die Zeit wurde deshalb halbiert (je 0,25 Stunden für die Artikelbeschreibung und den Weg zum Postamt). Du wirst jetzt verstehen, was damit gemeint ist, dass der Gewinn bei erhöhtem Zeitansatz überproportional wächst. Der Zeitaufwand pro Versteigerungsobjekt wird sich immer weiter verringern, da Du eine immer höhere Sachkenntnis erwirbst.

Es wird hier ständig von Zeitaufwand geredet. Wofür benötigst Du denn im einzelnen Zeit? Hier findest Du eine Auswahl von dem, was alles anfällt, was aber nicht heißen soll, dass diese Auflistung vollständig ist:

Vor der Auktion:

- überlegen, was verkauft werden soll
- eine Marktanalyse erstellen
- den Gegenstand reinigen und fotografieren
- das Bild im Internet bereitstellen
- Versandkosten bestimmen
- einen aussagekräftigen Titel wählen
- Erstellen einer Artikelbeschreibung

Während der Auktion:

- die Auktion verfolgen und eventuell Fragen beantworten

Nach der Auktion:

- E-Mail an den Auktionsgewinner schreiben
- den Geldeingang überwachen
- den Artikel verpacken
- zum Postamt gehen
- Bewertung abgeben

Wenn Du alle Schritte vor der Auktion erledigt hast, musst Du zwingend auch die anderen Dinge erledigen. Deshalb ist es wichtig zu wissen, wie viel Zeit Du in etwa für die einzelnen Schritte benötigst. In der Anfangszeit solltest Du Dir dies aufschreiben. Wenn Du dann das Verhältnis kennst, kannst Du Dir genau ausrechnen, wie viel Zeit Du Dir für die Tätigkeiten vor der Auktion nehmen kannst, damit die restlichen Arbeiten noch in Dein Zeitschema passen.

Weißt Du, worin die Vorteile der Fließbandarbeit liegen? Wenn nicht, dann ist hier eine kurz gehaltene Antwort: Menschen, die immer die gleiche Tätigkeit ausüben, werden in dieser Aktivität immer schneller und besser, obwohl sich durch die Routine auch verstärkt Fehler einschleichen können. Das soll heißen: Wenn Du 5 Artikelbeschreibungen hintereinander erstellst, wirst Du dies schneller als an fünf verschiedenen Tagen erledigen können. Außerdem ist es wesentlich effektiver, wenn Du für 5 Päckchen zur Post gehst als für ein Päckchen. Erledige gleichartige Arbeiten möglichst immer zusammen oder hintereinander.

Du wirst noch lernen, wann die beste Zeit der Auktionseinstellung ist. Es soll hier aber vorweggenommen werden, dass dies bei einer Laufzeit von 10 Tagen am Mittwoch- oder Donnerstagabend ist. Das heißt, dass Du Dich dann voll diesen Aufgaben widmen und andere Dinge an anderen Tagen erledigen solltest. Wenn diese Tätigkeit fix ist, kannst Du aufgrund dessen die anderen Tage planen. Dies könnte dann zum Beispiel so aussehen:

| | |
|---|---|
| **Montag** | Artikelbeschreibung und Titel erstellen |
| **Dienstag** | Zum Postamt gehen und Bieter bewerten |
| **Mittwoch** | neue Artikel bestellen |
| **Donnerstag** | neue Auktionen einstellen |
| **Freitag** | Marktanalyse und zum Postamt gehen |
| **Samstag** | neue Artikel fotografieren bzw. Bilder besorgen |
| **Sonntag** | bei abgelaufenen Auktionen den Höchstbietenden anschreiben und den Artikel verpacken |

Du solltest außerdem jeden Tag Dein Bankkonto auf Geldeingang prüfen. Fast alle Banken bieten einen Online-Zugang an. Damit sparst Du Dir den Weg zur Bank und damit auch Zeit. Zeit sparen kannst Du auch mit den folgenden Möglichkeiten:

- nach dem Ende der Auktion bieten viele Auktionsplattformen die Möglichkeit an, die Auktion noch mal einzustellen. Dann musst Du die Artikelbeschreibung nicht wiederholt erstellen und das Foto ins Internet laden.
- Viele Online-Auktionshäuser bieten so genannte Offline-Programme an, mit denen Du etliche Auktionen innerhalb kürzester Zeit erstellen kannst. Diese werden nach Fertigstellung einfach ins Internet hoch geladen (Upload).
- Einen anderen Weg geht Auktionsmanagementsoftware. Diese wurde meistens nicht vom Auktionshaus, sondern von einem fremden Programmierer erstellt und ist in der Regel auch nicht kostenlos (Shareware). Damit lassen sich viele Schritte automatisieren. Es gibt diverse Artikelbeschreibungsvorlagen, automatischer e-Mail-Versand, Druck von Paketaufklebern, Geldeingangskontrolle usw. Diese Software lohnt sich aber erst, wenn Du ein fortgeschrittener Versteigerer bist. Eine Liste mit diversen Programmen findest Du auf meiner Homepage.
- Mittlerweile ist es möglich, Briefmarken auf dem heimischen PC auszudrucken, der Betrag wird dann von Deinem Konto abgebucht. Dadurch sparst Du entweder Zeit beim Briefmarkenkauf oder bei der Abgabe der Pakete bzw. Päckchen.

Wenn Du vorhast, ein Ganztags-Online-Versteigerer zu werden, kann ich Dir nur raten, als Teilzeitverkäufer anzufangen. Erst wenn alles läuft und zwar so, wie Du Dir das vorstellst, solltest Du Deine ganze Zeit in die Online-Auktionen investieren.

## 2. Die rechtliche Stellung

Mit Online-Auktionen gab es schon viele Probleme: Ist die Erstellung einer Auktion und das Gebot rechtsverbindlich? Kann die Ware einfach wieder umgetauscht werden? Was ist mit Garantie? Es gibt ständig neue Urteile. Es soll hier nur ein kurzer Abriss aufgezeigt werden.

Gemäß einem Urteil sind Versteigerungen im Internet wie gewöhnliche Kaufverträge und nicht wie Auktionen im herkömmlichen Sinne zu sehen. Kaufverträge kommen durch Angebot und Annahme zustande. Der Verkäufer fordert die anderen Benutzer durch die Festlegung des Startpreises auf, Angebote abzugeben. Die Bieter geben durch ihre Gebote Angebote ab. Das Angebot gilt solange, bis jemand ein höheres Gebot abgibt. Die Annahme entsteht konkludent in der Erteilung des Zuschlags durch das Auktionshaus. Der Kaufvertrag ist also zustande gekommen.

Auktionen sind im Internet also genauso zu sehen, wie der unterschriebene Kaufvertrag für einen Wohnzimmerschrank. Der Käufer muss bezahlen und die Ware abnehmen, der Verkäufer muss die Ware liefern.

Noch nicht einig sind sich die Juristen, ob Online-Auktionen unter das Fernabsatzgesetz fallen. In diesem Fall hätten die Käufer ein Widerrufsrecht. Solange jedoch noch nichts entschieden ist, gibt es kein Widerrufsrecht. Auf meiner Homepage wirst Du darüber auf dem Laufenden gehalten.

Ein weiterer ungeklärter Punkt liegt in der Erlaubnispflicht. Während die herkömmliche Auktion unbestritten unter den Begriff der Versteigerung im Sinne der Gewerbeordnung fällt und damit erlaubnispflichtig ist, ist diese Frage bei Online-Auktionen noch ein heiß umstrittenes Thema. Tendenziell sprechen die Meinungen jedoch gegen eine Erlaubnispflicht. Solange es noch die Online-Auktionsplattformen gibt, kannst Du beruhigt Deine Auktionen einstellen.

# 3. Die Wahl der Auktionsplattform

## 3.1. Überblick

Die Qual der Wahl: Welche Auktionsplattform ist für Dich am besten geeignet? Hier sind ein paar Anhaltspunkte zu den verschiedenen Arten.

**Die großen Auktionsplattformen**
Wenn Du Deine Produkte auf den großen Auktionsplattformen anbietest, hat dies viele Vorteile. Fast alle bieten Zusatzdienste an, die entwickelt wurden, um dem Benutzer zu helfen, vor Betrug zu schützen sowie sichere Geldtransaktionen und Versandmöglichkeiten zu schaffen. Diese Plattformen haben viel in Werbung und Marketing investiert und deshalb gibt viele Benutzer. Jede Stunde enden mehrere hundert Auktionen. Es gibt fast nichts, was nicht angeboten wird.

**Spezial-Auktionen**
Während auf den großen Plattformen aufgrund ihrer hohen Benutzerzahl viele Produkte verkauft werden, können die kleinen Auktionshäuser durch ihre Spezialisierung und Fachkenntnisse ansehnliche Verkäufe vermitteln. Der potentielle Käufer sieht den Artikel sofort und muss nicht erst stundenlang in hunderten Kategorien danach suchen. Der Vorteil in dieser Auktionsplattform liegt meist in den nicht vorhandenen Gebühren. Viele Seiten werden von Amateuren gepflegt, die dies als neues Hobby entdeckt haben.

**Deine eigene Auktion**
Wenn Du Dich mit dem Auktionsgeschäft auskennst, könntest Du versuchen, Deine eigene Auktionsseite mit Deinen Produkten zu starten oder auf Deiner bestehenden Homepage einzufügen. Es gibt viele Anbieter, die Dir die Technik kostenlos zur Verfügung stellen, wenn Du ein Werbebanner auf Deiner Seite dafür einblendest.

## 3.2.  Die Datenschutzerklärung

Bei jeder Auktionsplattform musst Du in der Regel Deine Einwilligung in die Verarbeitung Deiner personenbezogenen Daten geben. In dieser Datenschutzerklärung wird Dir auch gesagt, wie Deine Daten verwendet werden. Unterschätze dies nicht, denn jeder Vertragspartner von Dir bekommt Deine Adresse mitgeteilt. Es sollte Dir klar sein, was mit Deinen Daten passiert. Wenn Du einwilligst und an ein unseriöses Auktionshaus gerätst, könnte es passieren, dass in den nächsten Wochen eine Werbeflut Deinen Briefkasten am Haus und auch Dein e-Mail-Fach überfüllt. Sinnvoll ist es, eine e-Mail-Adresse einzurichten, die nur für Online-Auktionen gedacht ist. Diese bekommst Du kostenlos bei vielen Anbietern (eine Auswahl findest Du auf meiner Homepage). Bei den großen Auktionsplattformen kannst Du aber eigentlich davon ausgehen, dass diese sensibel mit Deinen Daten umgehen, was aber nicht heißen soll, dass alle kleineren Gauner sind.

## 3.3.  Die Benutzerrichtlinien

Mache Dich mit den Benutzungsrichtlinien der Auktionsplattformen vertraut, bevor Du Dich anmeldest. Die Mitglieder urteilen über die Zuverlässigkeit der anderen Mitglieder und deren Verkaufsgewohnheiten. Wenn Du zum Beispiel keine Ware lieferst, nachdem Du Geld erhalten hast, kann es passieren, dass Du ein negatives Feedback bekommst und andere Käufer davon abschreckst, auf Deine Auktionen zu bieten. Im schlimmsten Fall wirst Du sogar strafrechtlich zur Rechenschaft gezogen. Die Auktionsplattformen schlichten aber auch häufig Streitereien zwischen Käufern und Verkäufern. In der Regel erstatten diese die Auktionsgebühren, wenn ein Verkauf im Nachhinein nicht zustande kommen sollte. Meistens behalten sie sich auch das Recht vor, Deine Mitgliedschaft zu kündigen, falls Du deren Regeln verletzt.

## 3.4. Persönliche Daten

Bei Deiner Anmeldung wirst Du in der Regel nach Deinem Namen, Deiner e-Mail-Adresse, Deiner Wohnadresse, Telefonnummer und häufig auch nach Deiner Kreditkartennummer oder Bankverbindung gefragt, mit der Du dann die Auktionsgebühren bezahlst. Schließlich musst Du noch die Allgemeinen Geschäftsbedingungen (AGB) anerkennen. In diesen steht meistens noch einmal drin, dass die Auktionsplattform keine Garantie für die Lieferung der gelisteten Artikel gibt. Alle Artikel sollten im Eigentum der Verkäufer sein, die für die Garantien, Rückzahlung und Umtausch verantwortlich sind.

## 3.5. Wahl Deines Benutzernamen und Kennwortes

Nomen est omen. Diese lateinische Weisheit solltest Du auch bei der Wahl Deines Benutzer- bzw. Mitgliedsnamen berücksichtigen. Dein Benutzername ist Dein persönliches Aushängeschild. Wenn Du neu bist, haben die Bieter nichts außer Deinem Namen, um auf Deine Persönlichkeit zu schließen. Du solltest wissen, dass bei Online-Auktionen alles nur über das Sicherheitsempfinden des Käufers gesteuert wird.

**Beispiel:** Du hast die Wahl zwischen zwei identischen Auktionen zum gleichen Preis. Beide Anbieter haben keine Bewertungen. Der eine heißt

*langschläfer*

und der andere

*netter_verkäufer*

Bei welcher Auktion würdest Du zuerst bieten? Nehme also Abstand von negativ klingenden Namen wie zum Beispiel Schlafmütze, Dieb, Bankräuber, Drecksack, Diktator, Sitzenbleiber usw. Beachte bei der Wahl Deines Benutzernamen unbedingt die Bestimmungen des jeweiligen Auktionshauses. In der Regel dürfen Benutzernamen keine Leerzeichen enthalten und müssen mindestens aus zwei Buchstaben bestehen. Anstelle von Leerzeichen kannst Du den „Strich unten" benutzen. Das sieht dann so aus:

*fritz_mustermann* .

Bei einigen Anbietern ist es auch möglich, den Benutzernamen zu wechseln. Dies solltest Du auf jeden Fall tun, wenn er einen negativen Klang hat. Vermeide außerdem Zahlen. Diese sind schwer zu merken.

Wenn Du schon ein Geschäft außerhalb des Online-Lebens hast, solltest Du den Namen des Geschäftes verwenden. Wenn nicht, hast Du bestimmt schon einmal darüber nachgedacht, wie Du ein Geschäft nennen würdest, wenn Du eins hättest. Bedenke, dass der Name keine rechtliche Bedeutung hat, solange Du als Einzelunternehmer tätig bist. Lass Deiner Fantasie freien Lauf. Wenn Du denkst, einen passenden Namen gefunden zu haben, solltest Du ihn in einer Suchmaschine eingeben. Denn es könnte passieren, dass Dein gewählter Benutzername der Name des griechischen Gottes für Unzuverlässigkeit ist (diesen Gott gibt es vermutlich gar nicht). Einfache Namen sind zu 99 Prozent schon vergeben. Du musst also schon etwas Kreativität beweisen. Nimm einfach einen Benutzernamen, der im Trend zu sein scheint. Verkaufst Du nur eine bestimmte Art von Produkten, zum Beispiel „Duftkerzen"? Warum nennst Du Dich nicht einfach „Duftkerze" oder „Duftkerzen". Identifiziere Dich mit Deinem Produkt.

Wenn Dir gar nichts einfällt, ist es kein Problem, Deinen eigenen Namen zu benutzen. Du beweist damit, dass Dein Name für Qualität stehen soll. Denn wer gibt seinen eigenen Namen öffentlich bekannt, wenn man Artikel mit schlechter Qualität verkauft.

Eigene Name bestehen in der Regel aus Vornamen und Nachnamen, sie werden klein und zusammen geschrieben. Der eigene Name als Benutzername gibt dem Käufer auf jeden Fall Sicherheit.

Dein Kennwort sollte möglichst aus einer Kombination von Zahlen und Buchstaben bestehen. Die Buchstaben sollten außerdem möglichst mal groß und mal klein geschrieben werden. Nimm auf keinen Fall Deinen Nachnamen, Dein Geburtsdatum oder den Namen Deines Ehepartners.

 **Wenn Du Dir Kennwörter nicht gut merken kannst, solltest Du einfach einen Satz bilden, in denen auch Zahlen vorkommen.**

**Beispiel:**

*Mein Sohn hat vorgestern um 15 Uhr seinen 12. Geburtstag gefeiert.*

wird zu

*MShvu15Us12Gg*

Du hast sicherlich mehrere Konten, Sparbücher und andere Klub-Karten. Warum solltest Du nicht auch mehrere Benutzernamen bei einem Auktionshaus haben. Wenn es die Benutzerrichtlinien verbieten, dann darfst Du es nicht und solltest es auch nicht tun.

Bei mehreren Benutzernamen hast Du mehr Möglichkeiten Deine Auktionen zu managen. Du könntest diese trennen zwischen geschäftlichen Verkauf und Verkauf Deiner Privatsachen. Für jedes Themengebiet könntest Du einen Benutzernamen anmelden. Auf keinen Fall solltest Du diese Möglichkeit aber missbrauchen.

## 3.6.  Die verschiedenen Gebühren

Online-Auktionen sind eine sehr gute Gelegenheit, um Dinge zu verkaufen, aber dies ist meistens nicht kostenlos. Du solltest Dir die unterschiedlichen Arten von Gebühren genau einprägen und sie bei Deinem erhofften Gewinn einkalkulieren. Es gibt auch kostenlose Auktionsplattformen, allerdings nehmen alle großen in der Regel verschiedene Gebühren.

**Einstellgebühr**
Diese Gebühr muss bezahlt werden, wenn Du einen Artikel in eine Auktion einstellst. Viele Seiten verlangen keine Einstellgebühr, dafür aber andere höhere Gebühren. Die Höhe der Gebühr ist entweder ein bestimmter Prozentsatz von Deinem Startpreis oder nach der Höhe gestaffelt. Bei einigen Auktionsplattformen werden aber fixe Gebühren verlangt, zum Beispiel bei Fahrzeugen.

**Wiedereinstellgebühr**
Diese Gebühr bezahlst Du für eine Wiedereinstellung nach Ablauf einer erfolglosen Auktion. Manchmal wird diese Gebühr erlassen, wenn sich der Artikel beim zweiten Versuch verkauft, bei einigen Anbietern ist dies immer kostenlos.

**Extra-Gebühren**
Alle Auktionsplattformen bieten Möglichkeiten an, Deine Auktionen hervorstechen zu lassen, dies geschieht zum Beispiel durch Fettschrift, eine bestimmte Positionierung innerhalb der Kategorie oder auf der Startseite oder durch Einfügen von Vorschaubildern. Hierfür werden fast immer Gebühren verlangt.

**Verkaufsgebühr**
Wie auch immer diese Gebühr bei den verschiedenen Anbietern genannt wird, sie ist auf jeden Fall diejenige Gebühr, die eigentlich von allen verlangt wird. Meistens wird ein fester Prozentsatz vom erfolgreichen Höchstgebot erhoben. Dieser Prozentsatz ist in der

Regel fallend mit der Höhe. Beispielsweise könnte bei einem Verkaufspreis beim Anbieter XY eine Gebühr in Höhe von 4 % des Verkaufspreises fällig werden, wenn dieser unter 30 Euro liegen würde. Liegt er darüber könnten lediglich 3,5 % berechnet werden.

**Vor einigen Jahren hat noch niemand daran gedacht, die Gebühren den Käufer zahlen zu lassen, dies wurde jedoch immer mehr „Mode". Mittlerweile ist man wieder auf dem Rückzug. Du solltest die Gebühren ebenfalls selbst zahlen, alles andere wirft ein schlechtes Licht auf Dich. Mache Werbung in Deiner Auktion, dass Du die Gebühren übernimmst.**

# 4. Das ASQ-Prinzip

Für die erfolgreiche Online-Auktion bedarf es vieler Handlungen und Überlegungen. Dabei gibt es wichtige und weniger wichtige. Drei Dinge dürfen bei einer Online-Auktion auf keinen Fall vergessen werden:

- **Aufmerksamkeit** erzeugen
- **Sicherheit** vermitteln
- **Qualität** liefern

Wenn Du diese Faktoren berücksichtigst, handelst Du nach dem ASQ-Prinzip.

Bei allen Handlungen, die im Zusammen-
hang mit Online-Auktionen stehen, solltest
Du Dir immer die Bedeutung der Buchstaben ASQ hervorrufen (ASQ-Prinzip).

## 4.1. Aufmerksamkeit

Wozu benötigst Du Aufmerksamkeit? Deine Online-Auktion wird
eine von mehreren Tausend oder gar Millionen sein. Du musst Aufmerksamkeit erzeugen, damit die Benutzer Deine Auktion und
nicht die Deines Konkurrenten betrachten, ansonsten geht sie hoff-
nungslos unter. Aufmerksamkeit kannst Du durch

- Großschreibung
- Fettschrift
- Positionierung
- Wortwahl
- Sonstige Sonderfunktionen des Auktionshauses

erzeugen. Bis zu dem Zeitpunkt, an dem der Benutzer Deine Online-Auktion anklickt, musst Du Dich nur darum kümmern.

## 4.2. Sicherheit

Der potentielle Käufer befindet sich jetzt auf Deiner Auktionsseite.
Woran liegt es jetzt, ob er bietet oder nicht? Sicherlich liegt es an
der Höhe des momentanen Gebotes, doch dies wird an dieser Stelle
vernachlässigt, weil Du außer mit der Startpreisfestlegung keinen
Einfluss darauf nehmen kannst. Der Benutzer muss ein gutes Gefühl haben, er muss sich sicher fühlen. Je höher das Sicherheitsempfinden des potentiellen Käufers ist, desto höher ist die Wahr-

scheinlichkeit, dass er ein Gebot abgibt. Beeinflussen kannst Du
dies durch

- ein gutes Layout der Artikelbeschreibung
- detaillierte Informationen zu Deinem Produkt
- einfache aber nicht primitive Wortwahl
- viele positive Bewertungen
- klar definierte Versandkosten
- Übernahme der Versteigerungsgebühren.

## 4.3.  Qualität

Mit der Definition von Qualität ist die Erfüllung aller Anforderungen verbunden. Bei Neuwaren wird vor allem auf dem deutschen
Markt eine Übererfüllung erwartet. Bei gebrauchten Gegenständen
ist jedoch eine Erfüllung aller Anforderungen, wie sie in der Artikelbeschreibung dargestellt wird, ausreichend. Du lieferst also auch
Qualität, wenn Du ein defektes Produkt verschickst, solange es
auch in der Artikelbeschreibung als defekt beschrieben wird. Lieferst Du keine Qualität, musst Du mit der Rücksendung der Ware
und einer schlechten Bewertung rechnen.
Bei der Qualitätserfüllung ist auch die Wahl des Verpackungsmate-
rials wichtig, denn ein auf dem Transport beschädigter Artikel er-
füllt natürlich nicht den Qualitätsanspruch.

# III. Die Auktion

## 5. Die Artikel

### 5.1. Grundsätzliches

Hast Du Dir schon einmal überlegt, warum wir Dinge überhaupt kaufen? Wir kaufen verschiedene Dinge, weil wir entweder selbst nicht in der Lage oder zu bequem sind, sie herzustellen oder weil die eigene Herstellung wesentlich teurer wird als der Kauf.

Damit wir einen Artikel kaufen oder herstellen, müssen wir erst einmal ein Bedürfnis danach haben. Ist das Bedürfnis verschwunden, ist der Artikel entweder verbraucht (Verbrauchsgüter) oder es gibt ihn noch in einem mehr oder weniger abgenutzten Zustand (Gebrauchsgüter). Wenn Du also kein Bedürfnis mehr nach diesem Gegenstand hast, kannst Du ihn verkaufen. Jetzt sind wir bei der ersten Art von Waren, die Du bei den Online-Auktionen anbieten kannst, angekommen: Artikel, die Du jetzt besitzt und nicht mehr benötigst. Du hast bestimmt schon mal auf dem Flohmarkt Dein altes Spielzeug oder CDs verkauft, um die Haushaltskasse aufzubessern. Sicherlich hast Du auch schon mal eine Kleinanzeige in einer Zeitung aufgegeben, um Dein altes Sofa für ein paar Euro loszuwerden. Schaue doch einfach mal in Dein Bücherregal, schaue jedes Buch an und stelle Dir die Frage, ob Du oder jemand anderes aus der Familie das Buch jemals wieder lesen wird. Finde heraus, welche Dinge Platz in Deinem Badezimmer verschwenden. Vielleicht hast Du auch noch Dinge, die Du geschenkt bekommen und nicht mal ausgepackt hast. Alle diese Artikel können beim Verkauf schnell Geld einbringen und Dir Platz für die zweite Art von Waren schaffen, auf die wir gleich zu sprechen kommen.

Bei diesen Dingen ist der Fantasie keine Grenzen gesetzt. Fast alles, was Du besitzt kannst Du auch in einer Online-Auktion versteigern. Wenn Du Dir die Auktionsseiten anschaust, kannst Du sehen, was die Leute alles verkaufen: Spielzeug, Computerzubehör, Fotoausrüstung, Bücher, Kleidung und sogar Autos. Die Auswahl ist unbegrenzt! Verkaufe grundsätzlich alles, was Du nie wieder benötigen wirst. Es ist selten, dass der Wert eines Gegenstands mit zunehmendem Alter steigt.

Was machst Du, wenn Du keine Dinge mehr in Deiner Wohnung findest, die sich verkaufen lassen? Dann musst Du entweder Gegenstände kaufen oder herstellen. Natürlich müssen der Kaufpreis bzw. die Herstellungskosten, die Du dazu aufwenden musst, unter dem Verkaufserlös liegen. Eigentlich eignen sich nur diese Art von Waren dazu, „Geld zu verdienen". Du kannst fast davon ausgehen, dass Du bei Gegenständen der ersten Kategorie für den Kaufpreis mehr gezahlt hast, als Du damit einnimmst. Schließlich war Dir damals noch nicht bewusst, dass Du sie je verkaufen würdest. Wie kommst Du nun an Gegenstände, die Du wieder über dem Einkaufspreis verkaufen kannst. Den leichtesten Zugang zu diesen Produkten haben Händler mit einem Gewerbeschein.

Falls Du keinen Gewerbeschein hast und auch vorerst keinen erwerben möchtest, hast Du trotzdem zahllose Möglichkeiten. Wenn Du viele gleichartige Dinge kaufst, kannst Du oft einen Mengenrabatt raushandeln. Achte auf Sonderangebote und Geschäftsaufgaben. Gehe auch in Secondhand-Läden. Häufig gibt es bestimmte Dinge auch nur in Deiner näheren Umgebung. 100 km nördlich bezahlen sie Dir vielleicht das doppelte für ein Produkt, das Du in Deiner Stadt gekauft hast. Ein gutes Beispiel dafür sind Modellautos. Häufig bringen Unternehmen ihre eigenen Modell-LKW mit firmeneigenem Schriftzug in Kleinauflage auf den Markt und werden nur lokal vertrieben.

Alles, was Du kaufen und mit einer moderaten Gewinnspanne wieder verkaufen kannst, ist erlaubt. Denke daran, dass die Bieter bei den Online-Auktionsplattformen günstige Preise wollen. Es ist für Dich besser 100 DVD für 15 Euro zu verkaufen als 20 DVD für 25 Euro. Die zweite Warenart ist in der Regel unerschöpflich und mit ein wenig Fantasie findest Du auch Möglichkeiten an günstige Ware heranzukommen.

## 5.2. Die Wahl der Artikel

Wie entscheidest Du, welche Art von Gegenständen Du verkaufen sollst? Grundsätzlich kannst Du natürlich alles veräußern. Beginne damit, unnütze Gegenstände, die sich in Deiner Wohnung befinden, in eine Online-Auktion einzustellen. Irgendwann ist dieser Vorrat jedoch erschöpft. Dann musst Du überlegen, welche Produkte Du jetzt verkaufen willst. Am besten gehst Du wie folgt vor:

1.  Überlege Dir, welche Hobbys oder anderen besonderen Kenntnisse Du hast. Wenn Du einen bedeutenden Wissensvorsprung vor den anderen Leuten besitzt, solltest Du diesen Vorteil nutzen und damit auch Geld verdienen. Wenn Du Dich mit Computern auskennst, solltest Du Computerzubehör verkaufen. Bist Du ein Briefmarkensammler, solltest Du überlegen, ob Du nicht Briefmarken verkaufen möchtest. Erstelle dann eine Liste mit allen Dingen, die für den Verkauf in Betracht kommen. Natürlich kannst Du auch Artikel verkaufen, die nichts mit Deinem Hobby oder Deinen sonstigen Fähigkeiten zu tun haben. Es ist lediglich ein Tipp für den Fall, dass Dir kein Themengebiet einfällt. Vergiss dabei nicht die Dinge, die Du auch selbst herstellen kannst. Diese bringen in der Regel den höchsten Gewinn. Vielleicht bist Du ja ein guter Programmierer, dann könntest du Deine Software versteigern oder Du bietest an, dem Höchstbietenden eine Internetseite zu erstellen.

2.  Ermittle den Einkaufswert der Gegenstände, die auf Deiner Liste stehen.

3.  Sicherlich hast Du Dir einen Betrag überlegt, den Du anfangs maximal für Wareneinkäufe auszugeben bereit bist. Streiche jetzt alle Artikel von der Liste, die den Höchstbetrag übersteigen. Falls Dein Limit bei 200,00 Euro liegt, kannst Du zum Beispiel keinen Computer als Ware einkaufen.

4.  Setze Dich dann an Deinen Computer und suche auf diversen Auktionsplattformen nach den Gegenständen, die auf der Liste übrig geblieben sind. Du kannst dann eine Menge über diese Dinge erfahren. Bei 95% aller Produkte auf Deiner Liste erfährst Du so den Marktpreis des Gegenstandes. Erstelle dann eine Marktanalyse. Was dabei zu beachten ist, erfährst Du in Kapitel 5.4. Damit kannst Du dann entscheiden, ob es sich lohnt Deinen Artikel zu verkaufen oder nicht. Außerdem siehst Du, was Du für einen Verkaufpreis erwarten kannst. Schreibe auch auf, wie viele Bieter auf den Artikel bieten. . Es ist natürlich besser, wenn 50 Leute auf Deiner Auktion bieten als nur 2 Bieter. Dies soll aber keine eiserne Regel für die Auswahl Deiner Produkte sein, denn eigentlich benötigst Du nur einen Bieter, um mit Deinem Artikel Geld zu verdienen.

5.  Streiche jetzt alle Artikel von der Liste, bei denen Du ein Verlustgeschäft oder nur einen minimalen Gewinn machen würdest.

6.  Bei den verbleibenden Gegenständen solltest Du jetzt Versteigerungsgebühren einrechnen und Verlustbringer erneut streichen.

Als Resultat erhältst Du jetzt alle Produkte, bei denen es sich lohnt, diese erst zu kaufen und dann in einer Online-Auktion anzubieten.

Falls Dir absolut nichts einfällt oder Du alle Artikel auf der Liste gestrichen hast, solltest Du die Auktionsplattformen durchsuchen und schauen, was andere verkaufen. Suche gezielt nach Verkäufern mit sehr hoher Bewertungszahl (möglichst über 500), denn bei diesen Produkten kannst Du davon ausgehen, dass sich der Handel lohnt.

Nur weil jemand anderes diese Dinge schon verkauft, heißt es nicht, dass Du diese nicht verkaufen sollst. Genau das Gegenteil ist der Fall: Wenn jemand anderes erfolgreich Artikel verkauft, kannst Du es wahrscheinlich auch, da es schon einen Käufer-Markt gibt.

Suche auch nach Dingen, die momentan besonders im Gespräch sind. Die Euro-Starter-Kits sind ein gutes Beispiel, aber es gibt noch viele andere. Die Euro-Starter-Kits wurden ab dem 17. Dezember 2001 bei den Banken- und Sparkassen ausgegeben. Niemand hat mit einem solchen Ansturm gerechnet. Nach kurzer Zeit waren diese nicht mehr erhältlich. Bei den Online-Auktionen konnte man kurzfristig etwa den dreifachen Wert herausholen. Schaue einfach in Deine Umwelt. Betrachte, was bei Kindern gerade „in" ist. Es wird auch bald auf den Auktionsplattformen boomen.

Vielfach lohnt sich auch der Handel mit Dingen, bei denen Du weißt, dass sie bald wieder modern sind. Wenn mal wieder eine Fußballweltmeisterschaft ansteht, kannst Du im Vorfeld relativ günstig Fußballartikel einkaufen und sie während der Fußballweltmeisterschaft wieder teurer verkaufen. Du kannst auch einfach mal in Dein Lieblingskaufhaus gehen und Dich umsehen. Du wirst schnell merken, welche neue Trendwelle bald kommen wird. Frage auch einfach mal nach, ob schon viel davon verkauft wurde. Wenn die Antwortet lautet „Das wird immer mehr" hast Du einen Volltreffer gelandet.

Gerade als Du Dir überlegst, was Du als nächstes verkaufen sollst, bekommst Du eine e-Mail von Deiner Auktionsplattform, in der Dir mitgeteilt wird, dass Deine Auktion wegen einer Verletzung der Benutzerrichtlinien geschlossen wird. Du fragst Dich dann, welche Bestimmungen Du wohl verletzt haben könntest, wer Dich verraten hat und warum sie Auktionen schließen, an denen sie doch eigentlich verdienen.

Dies kann aus unterschiedlichen Gründen passiert sein: Ein Konkurrent hat Deine Auktion gelesen und hat festgestellt, dass Du gegen die Benutzerrichtlinien verstößt. Dies hat er dann dem Online-Auktionshaus gemeldet. Vielleicht hast Du ein Urheberrecht verletzt oder Du hast Wörter benutzt, die in den Online-Auktionsbeschreibungen verboten sind. Viele Auktionsplattformen haben auch eine Liste in ihren Benutzerrichtlinien, in denen Gegenstände genannt sind, die Du nicht versteigern darfst, wie zum Beispiel Waffen, Raubkopien oder Tiere.

## 5.3. Kaufe günstig und versteigere teuer

Es gibt viele unbekannte Auktionsplattformen (eine Liste findest Du auf meiner Homepage), auf denen Du Produkte günstig erwerben und anschließend bei bekannten Auktionshäusern wieder teurer verkaufen kannst. Manchmal kann es auch sinnvoll sein, eine ganze Sammlung oder ein Paket zu kaufen, um es dann in Einzelteilen wieder zu verkaufen. Welche Artikel eignen sich dafür?

Dazu gehören auf jeden Fall Dinge, die sich immer wieder verkaufen lassen und immer aktuell sind. Wenn Du vorhast, diese Art von Waren auf einer Online-Auktion zu ersteigern, solltest Du Dich auf solche Dinge konzentrieren und Dich auf bestimmte Themengebiete spezialisieren. Es wird dann einfacher sein zu erkennen, ob ein Gegenstand jetzt teuer angeboten wird oder nicht. Du kannst den Wert einschätzen, wenn jemand Sammlungen anbietet, die Du dann zerschlagen und einzeln versteigern willst.

Zu diesen ständigen Verkaufsschlagern gehören unter anderem: Autogramme, Briefmarken, Bücher, Comics, Figuren, Münzen, Musikinstrumente, Gemälde, Glaswaren, Porzellan, Puppen, Schmuck, Spielzeug, Teddys und noch vieles mehr. Dabei solltest Du aber Deine eigenen Interessengebiete berücksichtigen.

Eine andere Quelle für neue Artikel sind Secondhand-Shops, welche eigentlich immer nur gut erhaltene Sachen verkaufen. Mit viel Glück kannst Du die Ware auch auf Kommission bekommen. Wenn Du sie z. B. nicht innerhalb von 2 Wochen verkaufst, kannst Du sie wieder zurückbringen.

Hast schon mal etwas von „Snipern" gehört? Dieser Begriff kommt aus dem Englischen und bedeutet so viel wie Scharfschütze. Als Verkäufer kannst Du damit ein Problem bekommen. Doch dazu später mehr. Diese Sniper geben ihr Gebot in den allerletzten Sekunden ab. Der normale Bieter hat keine Chance mehr, sein Gebot zu erhöhen, weil die Auktion schon beendet wurde. Bei einigen Auktionshäusern wird mittlerweile die Auktion verlängert, wenn jemand in der letzten Minute bietet. Um gegen die Sniper zu gewinnen, muss man entweder genauso handeln oder sein Höchstgebot schon in der Höhe seines persönlichen Limits abgeben.

 **Am besten sniperst Du mit einer Software oder indem Du immer wieder den „Reload" bzw. „Aktualisieren"-Button drückst. Die Systemzeit der Auktionsplattform wird ständig aktualisiert. 10 bis 20 Sekunden vor Auktionsende gibst Du dann Dein Gebot ab. Denke daran, dass Du Dich nach dem Gebot eventuell noch einloggen musst.**

Wenn Du Deine Versteigerungstätigkeit als Gewerbe angemeldet hast, kannst Du natürlich mit Deinem Gewerbeschein auch bei Großhändlern oder beim Hersteller direkt einkaufen. Dann erhältst Du die Produkte auf jeden Fall günstiger als im Handel. Im Internet gibt es Großhändlerverzeichnisse. Einen Link dazu findest Du auf meiner Homepage.

„Versuch macht klug." Wer kennt dieses Sprichwort nicht? Im englischsprachigen Raum wird auch häufig Trial & Error gesagt. Du wirst feststellen, dass dies eines der wichtigsten Werkzeuge zum Erfolg ist. Es funktioniert und ist ganz einfach.

Habe keine Angst neue Ideen zu verwirklichen. Finde einfach heraus, was sich verkauft und was nicht.

Bleibe nicht immer bei genau demselben Produkt. Ansonsten wirst Du nach ein paar Monaten den Markt übersättigt haben. Am wichtigsten bei den neuen Methoden ist, dass Du beim Testen auf eine besondere Positionierung, Fettschrift und sonstige Dinge, die den Test verfälschen könnten, verzichtest. Nur so erfährst Du, ob Deine neue Idee angenommen wird. Es sei denn, dass gerade dies Deine neue Idee ist.

## 5.4.  Marktanalyse

Bevor Du Dich endgültig dazu entscheidest, Waren zu kaufen, um sie dann weiterzuverkaufen, solltest Du vorher eine Marktanalyse erstellen. Grundsätzlich solltest Du soviel Informationen wie möglich sammeln. Es ist ratsam, diese Analyse auch während Deiner Auktionen fortzuführen. Daran kannst Du dann erkennen, warum Deine Konkurrenten mehr oder weniger als Du verkaufen.

Du solltest auf jeden Fall für jedes Produkt folgende Punkte herausfinden:

| **Verkaufswahr-scheinlichkeit** | Anzahl aller Verkäufe eines bestimmten Produktes geteilt durch die Anzahl aller gelisteten Titel für das gleiche Produkt x 100 |
|---|---|
| | *Beispiel:*<br>*Am Tag X werden insgesamt 26 DVD-Player Ponics MD 647 angeboten, Du beobachtest jetzt die Gebotsverläufe und notierst Dir, wie viele von diesen 26 DVD-Playern verkauft werden. Angenommen, es werden 17 verkauft, dann beträgt die Verkaufswahrscheinlichkeit*<br><br>*17 : 26 x 100 = 65,4 %* |
| **Verkaufswahr-scheinlichkeit nach Kategorie** | Anzahl aller Verkäufe eines bestimmten Produktes in einer Kategorie geteilt durch die Anzahl aller gelisteten Titel für das gleiche Produkt in einer bestimmten Kategorie x 100 |
| | *Beispiel:*<br>*Wie oben, mit dem Unterschied, dass 5 der DVD-Player in der Kategorie A, 6 in der Kategorie B und 6 in der Kategorie C* |

| | |
|---|---|
| | *verkauft wurden. Angeboten wurden am Tag X in der Kategorie A 6, in der Kategorie B 9 und in der Kategorie C 11. Dies ergibt verteilt auf die Kategorien folgende Verkaufswahr-scheinlichkeiten:*<br><br>*A  5 : 6 x 100 = 83,3 %*<br>*B  6 : 9 x 100 = 66,6 %*<br>*C  6 : 11 x 100 = 54,5 %*<br><br>Daraus geht hervor, dass in der Kategorie A die höchste Verkaufswahrscheinlichkeit ist. |
| **Verkaufswahrscheinlichkeit nach Besonderheit** | Analog zur Vorgehensweise oben, wird die Verkaufswahrscheinlichkeit bei Fettschrift oder bei einer bestimmen Positionierung überprüft. Die Berechnung erfolgt wie oben. |
| **Gewinnspanne** | (Verkaufspreis – Einkaufspreis) geteilt durch Einkaufspreis x 100<br><br>*Beispiel:*<br>*Von den obigen 17 DVD-Playern werden 5 für 220 Euro, 7 für 250 Euro und 5 für 260 Euro verkauft. Du selbst könntest den DVD-Player für 190 Euro verkaufen, dann beträgt die durchschnittliche Gewinnspanne*<br><br>*(220 - 190) : 190 = 15,8 %*<br>*(250 - 190) : 190 = 31,6 %*<br>*(260 - 190) : 190 = 36,8 %*<br><br>*D. h. die Gewinnspanne liegt zwischen 15,8 % und 36,8 %. Es ist also nicht mit einem Verlust zu rechnen.* |

# 6. Unterschiedliche Auktionsarten

## 6.1. Die „normale" Auktion:

Du bietest zum Beispiel ein Spielzeugauto zu einem Startpreis von 5,00 Euro an, legst einen bestimmten Auktionszeitraum fest und wartest ab.

Auf Deiner Auktionsseite kann jetzt jeder Deine Auktion beobachten. Herr Schnäppchenjäger kann jetzt bieten, in dem er auf der Auktionsseite seinen Benutzernamen, sein Kennwort und seinen Höchstbetrag eintippt. Wenn er der Höchstbietende ist, sieht er das sofort. Falls nicht, wird er ebenfalls sofort benachrichtigt und kann sein Angebot nach oben korrigieren.

Herr Schnäppchenjäger bietet zum Beispiel 10,00 Euro für Dein Spielzeugauto und steht mit 5,00 Euro als Höchstbieter auf Deiner Auktionsseite. Jetzt kommt Frau Überbieter und bietet 8,00 Euro. Sie wird sofort benachrichtigt, da sie von Herrn Schnäppchenjäger überboten wurde. Du erinnerst Dich: er hatte 10,00 Euro für Deinen Artikel geboten. Je nach Auktionsplattform variiert der Erhöhungsschritt, beträgt dieser zum Beispiel einen halben Euro, dann führt Herr Schnäppchenjäger die Auktion mit 8,50 Euro. Bietet allerdings jemand mehr als 10,00 Euro, ist er draußen.

Es gibt auch so genannte Privatauktionen, in denen die Identität und e-Mail-Adressen anonym bleiben. Der Verkäufer setzt diesen Typ von Auktion in der Regel dann ein, wenn er erwartet, dass mehr Leute bieten, wenn Ihre Identität nicht bekannt gegeben wird. Dies könnte zum Beispiel der Fall sein, wenn Du ein Buch mit dem Titel „So baue ich am besten meine Schulden ab!" verkaufst.

Häufig wird diese Art auch mit der Zusatzfunktion „Sofortkauf" angeboten. Solange noch keine Gebote auf den Artikel abgegeben worden sind, kann die Auktionsware zu einem vom Versteigerer festgelegten Preis sofort gekauft werden. Die Auktion ist in diesem Fall sofort beendet.

## 6.2. Auktionen mit fallendem Preis

Diese Auktionsart wird nur von wenigen Auktionsplattformen angeboten. Du legst einen Startpreis und einen Mindestpreis fest. Die Auktion beginnt jetzt mit dem Startpreis. Wenn einer jetzt bietet, ist die Auktion sofort vorbei und zwar zum Startpreis. Bietet keiner, fällt der Preis der Auktion nach einer bestimmten Zeit. Dies wiederholt solange, bis entweder jemand auf Deinen Artikel ein Gebot abgibt oder der Mindestpreis erreicht ist.

Diese Auktion solltest Du immer dann verwenden, wenn Du unbedingt etwas verkaufen musst, egal zu welchem Preis, weil zum Beispiel die Ware ansonsten verdirbt.

## 6.3. Auktionen mit Mindestpreis

Diese Auktionsart ist bei den Bietenden sehr unbeliebt, aber sehr beliebt bei den Versteigerern. Du legst einen Mindestpreis fest, dieser bleibt aber geheim. Der potentielle Käufer macht jetzt ein Gebot und weiß nicht, ob er den Mindestpreis erreicht hat. Nach dem Gebot steht in der Regel „Mindestpreis nicht erreicht", sofern dieser noch nicht erreicht wurde.

Wenn alle Gebote unter dem Mindestpreis liegen, kommt kein Verkauf zustande. Der Anbieter hat also kein Risiko, seinen Artikel „unter Wert" verkaufen zu müssen. Der Sinn in dieser Auktion liegt darin, die Käufer durch einen vorgetäuschten niedrigen Preis in die Versuchung zu bringen, ein Gebot abzugeben. Es soll Dir aber aus Gründen der Seriosität von dieser Auktionsart dringend abgeraten werden. Nicht ohne Grund bieten die meisten Auktionshäuser dieses Verfahren nicht mehr an.

Allerdings ist die Art praktisch, wenn Du den Marktwert testen möchtest. Dabei setzt Du den Mindestpreis utopisch hoch und den Startpreis so niedrig wir möglich an. So kannst Du sehen, wie hoch die Gebote gehen, ohne dass der Gegenstand wirklich verkauft wird und Gebühren anfallen.

## 6.4.   Auktionen mit mehreren gleichartigen Artikeln

Diese Auktionsart ist sowohl bei den Käufern als auch Verkäufern sehr beliebt, da beide Parteien Arbeit, Zeit und Geld sparen. Hier gibt es in der Regel mehrere gleichartige Stücke zu ersteigern und wird im englischen auch als „Dutch Auction" bezeichnet.

Du bietest in dieser Auktionsart drei Eierkocher der Marke „Super-Ei" mit einem Startpreis von 20 Euro an. Es gibt insgesamt fünf Bieter, die wie folgt die Gebote abgegeben haben:

| | |
|---|---|
| *Herr Apfel* | *22 Euro* |
| *Herr Birne* | *24 Euro* |
| *Frau Orange* | *20 Euro* |
| *Herr Kirsche* | *21 Euro* |
| *Frau Banane* | *36 Euro* |

Du hast aber nur 3 Eierkocher. Die Artikel werden wie folgt verteilt: Die drei Bieter mit dem höchsten Geboten erhalten einen Eierkocher zu dem Preis des niedrigsten Gebotes der erfolgreichen Bieter. Klingt schwierig, ist aber ganz einfach:

Herr Apfel, Herr Birne und Frau Banane sind die drei Höchstbietenden. Von diesen drei Bietern hat Herr Apfel mit 22 Euro das niedrigste (erfolgreiche) Gebot abgegeben. Die anderen beiden bezahlen also auch 22 Euro für den Eierkocher.

Wenn Du viele gleichartige Produkte hast, solltest Du diese Art von Auktion wählen. Warum zeigt dieses einfache Rechenbeispiel:

Du verkaufst zum Beispiel Kerzenständer für 12,00 Euro das Stück und hast 100 verschiedene Motive. Dein Gewinn pro Stück beträgt 5 Euro und Dein Durchschnittsverkauf liegt bei 60%. Wenn Du jetzt eine ganz gewöhnliche Auktion startest, beträgt Deine Einnahme

*5,00 Euro x 100 Motive x 60% = 300,00 Euro.*

Jetzt startest Du anstelle der 100 Einzelauktionen 100 Auktionen der oben genannten Art. Angenommen Du verkaufst im Durchschnitt 5 Kerzenständer pro Auktion, dann liegt Dein Verdienst bei 1.500,00 Euro. Du siehst, dass Du mit fast dem gleichen Aufwand leicht das Fünffache verdienen kannst, wenn Du es geschickt anstellst.

*5,00 Euro x 100 Motive x 5 Stück x 60% = 1.500,00 Euro.*

Diese Auktionen sind die Schlüssel zum großen Geld bei Online-Versteigerungen.

# 7. Die Wahl der Kategorie

Jetzt solltest Du anfangen, nach dem ASQ-Prinzip zu handeln. Du erinnerst Dich: Aufmerksamkeit – Sicherheit – Qualität. In dieser Phase sollst Du Aufmerksamkeit erzeugen. Auf den Auktionsplattformen gibt es hunderte von Kategorien und Unterkategorien. Jeder, der mit Online-Auktionen zu tun hatte, hat sich bestimmt schon einmal gefragt: In welcher Kategorie muss ich den Artikel suchen, den ich kaufen will, oder einstellen, den ich verkaufen will? Die Beantwortung dieser Frage ist meistens jedoch einfacher als es scheint. Du musst einfach nur ein wenig recherchieren.

Im ersten Schritt solltest Du einfach mal eine Kategorie auf Deiner Auktionsplattform anklicken, die thematisch zu Deinem Artikel passt. Meistens kannst Du danach auch noch eine Unterkategorie wählen. Prüfe, ob entweder die gleichen oder artverwandte Artikel in diese Kategorie eingestellt worden sind und wie viele Gebote darauf abgegeben worden sind.

Wichtig ist auch die Anzahl der Gesamtgebote in der Kategorie. Gibt es zu viele, kann Dein Gebot leicht untergehen. Andererseits gibt es meistens auch viele Besucher, wenn es entsprechend viele Auktionen gibt. Außerdem solltest Du die Anzahl der Auktionen ermitteln, die per Gebühr an den Anfang jeder Kategorie gestellt worden sind. Teilweise reichen diese bis auf die zweite Kategorien-seite. Häufig wird die zweite Seite aber gar nicht mehr angeschaut.

Im zweiten Schritt solltest Du versuchen, einen gleichen oder ähnlichen Artikel durch die Stichwortsuche zu finden. Schaue wieder nach der Anzahl der Gebote. Oft werden die Artikel auch in zwei Kategorien gleichzeitig eingestellt.

Sind beide obigen Schritte ausgeführt, kann man ziemlich schnell sehen, welche Kategorien geeignet oder welche eher zu meiden sind. Je nach Gebühr, kann es aber auch zweckmäßig sein, in zwei Kategorien gleichzeitig einzustellen.

Lass Deiner Fantasie ein bisschen freien Lauf: Ein gutes Beispiel kommt aus Amerika. Ein Verkäufer hat eine Holzfigur in der Kategorie „Figuren aus Holz" eingestellt. Nachdem er dann eine Auktion in der Kategorie „Reiseliteratur" eröffnet hatte, erhielt er unzählige Gebote und nicht zuletzt deshalb, weil es auch weniger Artikel in dieser Kategorie gab. Du siehst, es lohnt sich, ein wenig vom normalen Denken abzuweichen. Ideal wäre eine Einstellung in der gewöhnlichen und eine Einstellung in einer außergewöhnlichen Kategorie. Doch Du solltest aufpassen: Bei vielen Auktionshäusern wird die Einstellung in eine Kategorie, die nicht im Geringsten etwas mit dem Auktionsgegenstand zu tun hat, untersagt.

Setze Dich intensiv mit dem Thema „Kategorie" auseinander, denn dies gehört zu den wichtigsten Marketingelementen bei den Online-Auktionen. Oder suchst Du etwa in Deiner Tageszeitung im Immobilienteil, wenn Du eigentlich ein Auto kaufen willst? Wahrscheinlich nicht.

# 8. Erstellung eines auffälligen Titels

Du befindest Dich immer noch im Bereich „Aufmerksamkeit erzeugen". Die Erstellung eines vernünftigen Titels ist schwieriger als die Wahl der Kategorie. Denn nicht selten sind mehrere hundert Artikel innerhalb einer Kategorie. Niemand liest sich jeden Titel durch, sondern überfliegt lediglich die ganze Seite. Du musst jetzt dafür sorgen, dass die Augen des potentiellen Käufers genau bei Deinem Titel hängen bleiben und er darauf klickt. Es ist Deine Aufgabe als Verkäufer Deine Artikelbeschreibung von so vielen Leuten wie möglich anschauen zu lassen.

Es spielt keine Rolle, wie gut der Artikel selbst oder wie gut die Artikelbeschreibung geworden ist, wenn niemand auf Deinen Titel klickt. Dies geschieht nicht zufällig, sondern der Benutzer der Auktionsplattform muss bei vollem Bewusstsein darauf klicken.

## 8.1.  Wortwahl

Das wichtigste in Deinem Titel sind aussagekräftige Wörter. Es klingt einfach, aber wenn Du Dir die Titel auf den Auktionsplattformen mal anschaust, wirst Du feststellen, dass es immer noch sehr viele Auktionen gibt, bei denen der Titel so gut wie gar nichts aussagt.

Du musst in Deinem Titel genau das sagen, was Du wirklich verkaufst. Wenn Du ein signiertes Madonna-Foto hast, benutze nicht einfach den Titel

*Madonna*

Dabei ist es egal, ob es in der Autogramm-Kategorie eingestellt ist oder nicht. Es sagt einfach nicht genug aus. Schreibe lieber:

*Seltenes signiertes Madonna Foto*

Denke daran, dass viele Leute aber auch die Suchfunktion nutzen und stelle sicher, dass mögliche Suchbegriffe in Deinem Titel vorkommen. Stelle Dir vor, Du suchst einen DVD-Player der Marke Ponips und dem Modell P-634. Was würdest Du eingeben? Vermutlich würdest Du mit

*Ponips P-634*

beginnen. Wenn Du zu wenig gefundene Artikel hast, wirst Du es noch mit

*Ponips*

versuchen, aber würdest Du mit den Worten

*DVD-Player*

Deinen heißgeliebten Ponips P-634 suchen. Ich denke nicht, da Du dann hunderte von Seiten und dann jeden Artikel mit dem Titel „DVD-Player" anklicken müsstest. Doch es gibt auch solche Mitglieder.

Versetze Dich also immer in die Lage des Käufers: Mit welchen Worten würdest Du Deinen Artikel suchen? Setze dann diese Begriffe in Deinen Titel. Optimal ist der Aufbau nach folgendem Schema:

*Markenname – Art des Artikels – Modellbezeichnung*

<u>*Beispiel:*</u> *Ponips DVD-Player P-634*

Des Weiteren solltest Du Wörter in Deinem Titel benutzen, die die Aufmerksamkeit des Käufers auf sich ziehen. Dazu gehören Wörter wie

| | | |
|---|---|---|
| *selten* | *limitiert* | *einzigartig* |
| *schön* | *großartig* | *unglaublich* |
| *wertvoll* | *fantastisch* | |

Nutze diese Wörter aber nur dann, wenn Du noch genügend Platz übrig hast. Wichtiger ist es, dass Du vorher genau sagst, was Du verkaufst. Erst wenn dann noch Platz ist, solltest Du diesen mit obigen Wörtern oder ähnlichen schmücken.
Ganz unpraktisch ist es, wenn Du Deinen Titel einfach

*„Das musst Du haben !!!“*

oder

*„Ersteigere diesen Artikel !!!“*

nennst, denn davon gibt es genug. Anfänger fallen vielleicht darauf hinein, aber wer einmal auf solche Titel geklickt hat, wird es nicht wieder tun.

Denke immer daran, dass der Titel das Tor zu Deiner Auktion ist.

**Manchmal macht es auch Sinn, mehrere Wörter mit der gleichen Bedeutung in den Titel zu nehmen. So erreichst Du mit Deinem Titel auch Bieter, die nur mit der Stichwortsuche arbeiten.**

Beispiel:

Teddy, Kuscheltier, Stofftier

Im nächsten Unterkapitel lernst Du, wie Du die Wirkung Deiner Wortwahl durch Optik optimierst. Beides muss perfekt aufeinander abgestimmt sein.

## 8.2.  Optik

Der einfachste Weg, sich von der großen Masse abzuheben, ist die Zahlung einer Extra-Gebühr. Dann erscheint der Titel in Fettschrift. Gucke bitte einmal kurz aus dem Fenster und gucke Dir dann den Kasten an:

Besser Fotografieren
Moderne Fotopraxis
Einführung in die Fotografie
Fotoentwicklung in der Praxis
**Fotografieren für Anfänger**
Schönere Fotos – so geht es
Du bist selbst der beste Fotograf
Reisefotografie

Der erste Blick dürfte auf die fett geschriebene Zeile gefallen sein. Aber auch, wenn es der einfachste Weg ist, muss es nicht immer der beste sein. Die günstigste Möglichkeit ist GROßBUCHSTABEN zu benutzen. Dazu ein kleines Beispiel. Schaue wieder kurz weg und dann auf den Kasten:

Besser Fotografieren
Moderne Fotopraxis
Einführung in die Fotografie
Fotoentwicklung in der Praxis
FOTOGRAFIEREN FÜR ANFÄNGER
Schönere Fotos – so geht es
Du bist selbst der beste Fotograf
Reisefotografie

Sicherlich ist diese Methode nicht ganz so wirkungsvoll wie die Fettschrift, aber dafür ist sie wesentlich günstiger. Du solltest aber bedenken, dass die Lesbarkeit durch Großschreibung leidet, der Betrachter muss sich deshalb besser konzentrieren. Idealerweise werden deshalb nur ein oder zwei Wörter großgeschrieben.

Wird beides miteinander kombiniert, sieht das ganze so aus:

> Besser Fotografieren
> Moderne Fotopraxis
> Einführung in die Fotografie
> Fotoentwicklung in der Praxis
> **FOTOGRAFIEREN für Anfänger**
> Schönere Fotos – so geht es
> Du bist selbst der beste Fotograf
> Reisefotografie

Da kann man relativ sicher sein, dass der potentielle Käufer zumindest den Titel liest.

Viele Verkäufer benutzen auch spezielle Buchstaben bzw. Zeichen in Ihrem Titel wie #, *,€, $, +, -, % um Aufmerksamkeit zu erlangen. Manchmal sieht es schauderhaft aus, manchmal funktioniert es aber. Du solltest damit ein wenig experimentieren. Dazu wieder ein Beispiel:

> Besser Fotografieren
> Moderne Fotopraxis
> Einführung in die Fotografie
> Fotoentwicklung in der Praxis
> ####### Fotografieren für Anfänger ########
> Schönere Fotos – so geht es
> Du bist selbst der beste Fotograf
> Reisefotografie

Probiere einfach ein paar Varianten aus und nehme dann den auf-
fälligsten Titel.

**Bei einigen Auktionshäusern kannst Du ei-
nen auffälligen Titel durch die Länge erzeugen. Normalerweise darf der Titel nur eine
bestimmte Länge haben. Diese Länge gilt
häufig nicht, wenn man nur ein Wort benutzt und die Maximalanzahl an Zeichen
überschritten hat. Anstelle eines Wortes
kann man einfach die Worte durch einen
Strich unten („_") verbinden.**

**Beispiel:**

Dies_ist_ein_sehr_langer_Titel_als_Beispiel

**Der Titel wird in der Auflistung der Katego-
rien dann umgebrochen und erscheint zwei-
zeilig.**

Du wirst später noch lernen, dass man bei einigen Auktionsplattformen Vorschaubilder in den Titel bzw. vor den Titel einfügen
kann. Wenn Du ein Vorschaubild im Titel benutzt, kannst Du eigentlich auf andere optische Hilfsmittel wie Großschreibung, Fettschrift und Sonderzeichen verzichten, denn in der Regel erweckt
dieses bunte Bild mehr Aufmerksamkeit als alles andere und ist
meistens wesentlich günstiger als andere Extras.

Denke daran: Beschreibe, benutze spannende, Aufsehen erre-
gende Worte und setze Dich optisch von der Masse ab. Nur dann
wirst Du genug Aufmerksamkeit erzeugen und nur dann kann Deine Online-Auktion erfolgreich werden (ASQ-Prinzip).

# 9. Die erfolgreiche Artikelbeschreibung

Nachdem der Käufer auf Deinen aussagekräftigen Titel geklickt hat, sieht er jetzt die Artikelbeschreibung. Jetzt möchtest Du, dass er auf Deinen Artikel bietet. Du musst deshalb Deinen Artikel so ansprechend wie möglich darstellen und den potentiellen Käufer motivieren, ein Gebot abzugeben. Denke dabei immer an den Begriff „Sicherheit". Nur wenn der Betrachter sich bei Deiner Auktion sicher fühlt, wird er bieten. Sollte er beim ersten Mal kein Gebot abgeben, stehen die Chancen schlecht, dass er wieder kommt und dann ein Gebot abgibt.

## 9.1. Übersichtlichkeit

Bringe eine bestimmte Struktur in Deine Artikelbeschreibung, damit diese übersichtlich ist. Die Standardbeschreibung sieht eine Dreiteilung vor. Jeder Teil sollte ein neuer Paragraph sein (siehe HTML-Befehle).

Beginnen solltest Du mit einem Titel innerhalb der Beschreibung, der den Leser interessiert.

*„Du suchst noch eine Sonnebrille? Die gibt's hier!"*

Dem Titel sollte ein provozierender Einleitungssatz folgen, der den Käufer zum Weiterlesen bewegt:

*"Du suchst eine coole Sonnenbrille mit spiegelnden Gläsern, damit Du Deinen Sommerurlaub genießen kannst? Diese Sonnenbrillen gibt es jetzt weit unter dem üblichen Verkaufpreis in dieser Auktion."*

Im nächsten Teil solltest Du Details zu Deinen Produkten angeben. Was alles darin enthalten sein sollte, erfährst Du gleich.

Im letzten Teil sollten die Zahlungsbedingungen und eventuelle Versandkosten sowie sonstige Gebühren geregelt sein. Eventuell ist dann noch ein Hinweis auf Deine anderen Auktionen angebracht. Natürlich kannst Du von dieser Standardeinteilung auch jederzeit abweichen.

## 9.2.  Ausführlichkeit

Es gibt mehrere inhaltliche Dinge, die beim Schreiben einer Artikelbeschreibung beachtet werden müssen. Die erste Grundregel lautet: Sei ausführlich bei Deiner Artikelbeschreibung. Lass keinen Raum für irgendwelche Zweifel oder Nachfragen. Beschreibe Deinen Artikel so genau wie möglich. Wenn er eine gute Qualität hat (was hier vorausgesetzt wird – siehe oben), hast Du nichts zu verbergen. Nenne alle Sonderfunktionen, die Farbe, den Autor, eine genaue Version usw.. Eine Checkliste, mit den Angaben, die eine Online-Auktion mindestens enthalten sollte, findest Du im Anhang.

Stelle Dir vor, Du möchtest einen Computer kaufen. Würdest Du ein Gebot abgeben, wenn Du gar nicht weißt, wie hoch die Taktfrequenz des Prozessors ist?

Die potentiellen Käufer fühlen sich nicht wohl, wenn sie nicht hundertprozentig wissen, was sie ersteigern. Sie müssen sich sicher sein, dass sie genau das erhalten, womit sie rechnen.

Auch wenn Du der Artikelbeschreibung ein Bild beifügst, solltest Du Deine Artikelbeschreibung so formulieren, als sei sie für eine Beschreibung ohne Bilder gemacht. Das Bild wird dann Deine Beschreibung untermauern und den potentiellen Käufer mehr überzeugen.

Außerdem ist es ratsam Verpackungs- und Versandkosten klar mit Zahlen zu nennen. Der Käufer weiß dann genau, was er zahlen muss und hat mehr Sicherheit.

Wenn das Produkt irgendwelche Fehler haben sollte, z. B. einen Riss oder einen Kratzer, solltest Du dies unbedingt schreiben. Es dient Deinem Selbstschutz. Wenn Du Deinen Artikel hundertpro-

zentig genau beschreibst, ersparst Du Dir eine Menge Zeit und Är-
ger. Außerdem musst Du dann nicht damit rechnen, dass jemand
Deinen Artikel zurückschickt, weil er schon vorher von den Män-
geln wusste. Denke dabei auch an Deine Bewertung.

Nachdem Du eine objektive Beschreibung geliefert hast, kannst
Du diese noch mit ansprechenden Wörtern ausschmücken. Wähle
Wörter, die den Bieter animieren, zu bieten. Wenn der Artikel
schwer zu finden ist, könntest Du zum Beispiel „selten" benutzen.
Ist er ein Einzelstück, ist er halt „einzigartig". Wenn der Artikel
noch in einer ungeöffneten Verpackung ist, teile es dem potentiellen Käufer mit. Schreibe auch, was offensichtlich ist, denn der Bieter darf auf keinen Fall Zweifel haben. Gib dem Bieter ein ange-
nehmes und vertrautes Gefühl, wenn er Deine Beschreibung liest.

Wenn Du Deine Beschreibung erstellst, solltest Du Bilder mit
Deinen Worten malen. Benutze Adjektive wie großartig, wunder-
schön usw., um Deinen Artikel zu beschreiben. Male ein gedankli-
ches Bild, das Deinen Artikel unwiderstehlich macht.

Teile dem Käufer mit, was es ihm bringt, wenn er es erwirbt.
Falls Du ein Gemälde verkaufst, erzähle ihm, wie gut es in seiner
Wohnung aussehen würde und wie viele Freunde ihn beneiden
würden. Auch wenn der Leser gar nicht nach dem Artikel gesucht
hat, sollte er zumindest darüber nachdenken, ob er ihn kaufen will.

Fast genauso wichtig wie die Theorie, dass die Leute nichts kaufen, bei dem sie sich nicht hundertprozentig sicher sind, ist die
These, dass sie lieber bei Leuten kaufen, die sie mögen. Es ist ge-
wiss nicht einfach in einer Artikelbeschreibung ein Vertrautheitsge-
fühl zu vermitteln, aber ein Versuch kann nicht Schaden.

## 9.3.   Kopieren von Artikelbeschreibungen

Du surfst durch diverse Online-Auktionen und denkst: was für eine
coole Anzeige. Du solltest ausdrücklich davor gewarnt sein, diese
Anzeige einfach zu kopieren.

Du darfst Dir zwar Anregungen holen, aber kopiere niemals eine Anzeige oder Fotos. Dies wirft erstens ein schlechtes Licht auf Dich, denn es lässt sich ja ohne weiteres feststellen, wer zuerst die Idee hatte und es fällt zu 80 % jemanden auf, denn wer etwas ersteigern will, der vergleicht auch mit anderen Auktionen. Die Chance ist groß, dass er dann Deine geklaute Anzeige sieht. Wenn er das der Auktionsplattform meldet, könnte es passieren, dass Du von der Plattform ausgeschlossen wirst. Es wäre Schade wegen der ganzen Bewertungspunkte.

Was kannst Du gegen den Anzeigenklau tun? Geklaut werden im Grunde genommen drei Dinge: Der Text, die Bilder und das Layout. Es ist sehr einfach alle drei Elemente aus einer Anzeige zu kopieren und in die eigenen einzufügen. Der Diebstahl verursacht eine Verletzung der Urheberrechte. Viele denken, dass es so etwas im Internet nicht gibt, aber die Texte und alles andere sind genauso geschützt wie ein Buch. Das Anbringen eines Copyright-Vermerkes ist zwecklos. Jeder der eine Anzeige kopieren kann, ist auch in der Lage diesen Vermerk zu löschen. Ein Rechtsstreit deswegen anzufangen lohnt sich aber eigentlich nicht. Als erstes solltest Du den Dieb anschreiben und auffordern die Auktion abzubrechen. Sollte er sich weigern, solltest Du das Auktionshaus darauf hinweisen.

Gegen den Fotodiebstahl kannst Du Dich aber gut wehren. Du könntest auf jedem Foto zum Beispiel Deine e-Mail-Adresse oder Deinen Namen als Text schreiben. Niemand wird Dir dieses Bild klauen. Wenn Du dies nicht magst, und Dir jemand den Link zu Deinem Bild im Internet klaut, könntest du einfach das Bild austauschen und irgendetwas Sinnloses abbilden oder Du löscht das Bild ganz. Du wirst noch lernen, dass man Fotos auf einem Webspeicherplatz speichern kann und dann einen Link zu einem Foto einfügen kann.

Du solltest also regelmäßig nach Deinen Auktionen suchen und alle anderen Auktionen, die die gleiche Ware anbieten, anschauen.

# 10.  Ein Bild sagt mehr als Tausend Worte...

Diesen Spruch kennt vermutlich jeder. Auch auf dem Gebiet der Online-Auktionen wird sein Wahrheitsgehalt wieder bestätigt. Auch wenn nur ein einfaches Bild in Deine Artikelbeschreibung eingefügt wird, kann dies die Gebote um ein Vielfaches steigern. Wie schon anfangs gesagt, bieten die Leute erst, wenn sie sich absolut sicher sind. Ein Bild verstärkt diese Sicherheit. Schaue doch einfach mal nach, auf welche Artikel die meisten Gebote fallen. In den meisten Fällen haben diese mindestens ein Bild in der Artikelbeschreibung.

Viele Käufer haben schon schlechte Erfahrungen gesammelt: Das Produkt sah in Wirklichkeit ganz anders aus als beschrieben. Deshalb ist es wichtig, dass Du es unverfälscht darstellt. Du solltest gravierende Fehler in Großaufnahme zeigen. Häufig macht es auch Sinn, das Produkt von allen Seiten zu fotografieren. Der potentielle Käufer hat dann die größtmögliche Sicherheit.

## 10.1.  Die richtige Bildgestaltung

Du solltest den Gegenstand immer so fotografieren, dass er Nahe am Bildrand ist. Zu viel Platz herum bedeutet unnötige Ladezeit im Internet und wirkt oft langweilig. Im schlimmsten Fall verlässt er Deine Auktion wieder, wenn der Ladevorgang zu lange dauert. Der Käufer will das Produkt sehen und keinen Hintergrund. Falls Du mit Deinem Fotoapparat nicht so dicht an das Objekt herankommst, kannst Du die Ränder später auch mit einem Bildbearbeitungsprogramm abschneiden. Dabei und auch beim Fotografieren, solltest Du darauf achten, dass Du alles von Deinem Artikel auf dem Bild hast. Wenn ein Teil fehlt, könnte der potentielle Käufer auf die Idee kommen, dass Du etwas zu verbergen hast. Das war es dann mit diesem Bieter. Dies trifft natürlich nicht auf Detailaufnahmen zu.

**FALSCH**

**RICHTIG**

Du hast bestimmt schon die Bilder gesehen, bei denen ein Teppich oder das halbe Wohnzimmer im Hintergrund zu sehen war. Du solltest den Hintergrund professioneller wählen, denn ein wenig davon wird immer zu sehen sein.

 **Gehe in das nächste Kaufaus und kaufe Dir große Bögen Tonpapier mit der Farbe, die Du als Hintergrund haben möchtest. Zuhause befestigst Du dann die eine Seite an einer Wand und die andere legst Du auf den Fußboden. Du machst aber keinen Knick in der Mitte, sondern biegst es. Anschließend stellst Du Deinen Artikel darauf und fotografierst ihn. Dann ist einfach nur ein einfarbiger Hintergrund zu sehen.**

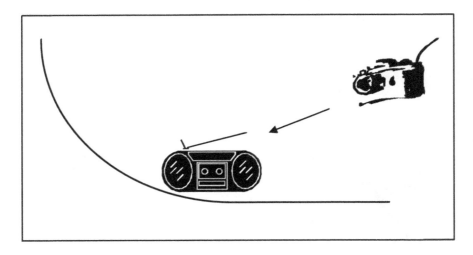

Du musst als Verkäufer Deine Artikel so präsentieren wie die Käufer es erwarten. Stelle Dir einfach vor, welche Anforderungen Du hättest, damit Du einen Artikel kaufen würdest. Wenn Du alle Seiten eines Artikel fotografierst und bei Deiner Artikelbeschreibung präsentierst, kann sich der potentielle Käufer das ganze Objekt von allen Seiten angucken und lästige Nachfragen nach dem Zustand des Artikels häufig vermeiden. Ideal wäre es natürlich auch, wenn die Modellnummer bzw. Seriennummer in Großaufnahme daneben wäre. Allerdings solltest Du immer abwägen, ob Fotos von allen Seiten zweckmäßig sind.

Auch wenn Du es nicht glaubst, aber erfahrene Online-Käufer freuen sich, wenn Nahaufnahmen von Schäden und Fehlern in der Artikelbeschreibung vorhanden sind. Es lässt den Verkäufer in einem ehrlichen und vertrauenswürdigen Licht erscheinen. Es gibt genug Verkäufer, die Schäden verheimlichen. Wir alle haben so etwas schon mal erlebt.

Wenn Du Fotos von Gegenständen machst, kann es wichtig sein, einen Eindruck über die Größe des Gegenstandes zu vermitteln. Dies kannst tun, indem Du ein Lineal oder etwas, dessen Größe man leicht einschätzen kann (Gabel, Becher usw.), neben den Gegenstand legst. Die Bieter werden dies belohnen und außerdem weniger nachfragen. Die Angaben über die Maße dürfen in der Artikelbeschreibung natürlich auch nicht fehlen, da ja bereits oben gesagt wurde, dass das Bild nur ergänzend wirken soll.

Die nächste Frage dürfte sein: Wie bekomme ich das Bild ins Internet. Der nächste Abschnitt wird sich damit näher befassen:

## 10.2. Transfer in den Computer

Bei der herkömmlichen Methode schießt man ein Foto mit einer normalen Kamera, gibt den Farbfilm in ein Fotolabor und scannt das Foto ein. Viele Fotolabore bieten auch schon die Möglichkeit an, dass die Fotos zusätzlich auf CD gebrannt werden. Dies lohnt sich aber nur, wenn man entweder viele Artikel verkauft oder es sich um einen teuren Artikel handelt, ansonsten ist dies unrentabel.

Wenn Du ein professioneller Versteigerer bist, lohnt sich unter Umständen die Anschaffung einer Digitalkamera. Dann hast Du das Bild sofort verfügbar. Mit vielen Camcordern kannst Du auch

Standbilder schießen. Falls Du einen Camcorder hast, solltest Du
dies nachprüfen.
Vielleicht gibt es aber auch schon ein Foto im Internet von Deinem Artikel. Dabei solltest Du aber unbedingt die Urheberrechte
beachten.
Das Foto kannst Du dann mit jedem beliebigen Bildbearbeitungsprogramm nachbearbeiten. Verschiedene Links zu solchen
Programmen findest Du auf meiner Homepage. Über die Programme gibt es ganze Bücher, hier weiter über Bildbearbeitung zu
sprechen, würde unseren Rahmen sprengen. Folgende Grundsätze
solltest Du aber auf jeden Fall beachten:

- das Foto sollte maximal 400 Pixel breit sein
- speichere das Foto im JPG-Format ab (Endung: *.jpg)
- wähle eine Kompressionsstufe, bei der die Qualität und
  Größe (in Byte) einen Kompromiss bilden
- unnötiger Hintergrund sollte abgeschnitten werden
- oft sind eingescannte Fotos entweder zu dunkel oder zu
  hell, Du solltest in diesem Fall die Helligkeit und den Kon-
  trast verändern. Wenn es nicht schon fast weiß oder
  schwarz ist, lässt sich dieser Fehler in der Regel auch gut
  korrigieren
- wenn die Farben unecht wirken, kannst Du mit jedem Bildbearbeitungsprogramm die Farben Rot, Grün und Blau einzeln verändern. Damit kannst Du natürlich bestimmte Teile
  des Bildes besonders hervorheben, sie sogar „leuchten" lassen.

## 10.3. Transfer in das Internet

Viele Auktionsplattformen bieten schon die Möglichkeit an,
Bilder am Ende der Beschreibung einzufügen, dies macht jedoch
einen weniger professionellen Eindruck. Außerdem sind die Bilder
dann in der Regel verkleinert. Besser ist es, sich selbst Webspeicherplatz zu beschaffen und die Bilder dann von Hand zu integrie-

ren. Verschiedene kostenlose Anbieter und eine Anleitung zum Upload findest Du wieder auf meiner Homepage.

Wie das Bild in Deine Artikelbeschreibung eingefügt wird, erfährst Du im Kapitel über die HTML-Befehle. Achte auf jeden Fall darauf, dass der Speicherplatzanbieter keine Pop-Ups einblendet, wenn das Bild aufgerufen wird, denn das wirkt sehr unprofessionell. Pop-Ups sind kleine Internetnetseiten, die sich automatisch öffnen und in der Regel mit Werbung gefüllt sind.

## 10.4. Die Bildvorschau

Viele Auktionshäuser geben Dir die Möglichkeit, in der Artikelauswahlliste eine Vorschau des Artikelbildes einzufügen (gegen Aufpreis versteht sich). Dies fällt zum einen stark auf, zum anderen kann sich der Käufer schon vorab ein Bild machen. Die Bezeichnung dieser Vorschaubilder variiert von Auktionshaus zu Auktionshaus.

Manchmal schauen sich die potentiellen Käufer nur die Vorschaubilder ohne Titelbeschreibung an. Dies macht bei Gemälden vor allem Sinn. In der Regel kannst Du diese Vorschau nach Beginn der Auktion nicht mehr einfügen.

Auch die Titelbeschreibung sticht durch ein Vorschaubild eindeutig aus der Masse hervor. Du kannst damit rechnen, dass Du zwischen 20% und 150% mehr Bieter als ohne Vorschaubild hast.

Das Problem in der ganzen Sache liegt darin, dass dieses Bild nicht sehr groß sein kann. In der Regel sind die Bilder 64 x 64 Pixel groß. Reichst Du ein größeres Bild ein, wird das Auktionshaus das Bild automatisch an die eben genannte Größe anpassen. Deshalb ist es wichtig, dass das große Bild scharf ist. Besser ist es aber, selbst mit einem Bildbearbeitungsprogramm das Bild an die gewünschte Größe anzupassen:

1.    Als Basisbild musst Du natürlich ein gestochen scharfes Bild wählen.

2.  Dann schneidest Du den überflüssigen Hintergrund weg. Je nach Artikel macht es auch Sinn, in der Vorschau nur einen Ausschnitt des Artikels zu zeigen. Denke daran, dass das Endbild nachher quadratisch erscheint und Du dies am besten jetzt schon anpasst, ansonsten könnte es passieren, dass die Proportionen nicht stimmen.

3.  Wähle jetzt die entsprechende Funktion in Deinem Bildbearbeitungsprogramm und verkleinere das Bild auf die gewünschte Größe (in der Regel 64 x 64 Pixel). Wenn Du jetzt die Ansicht auf 100% stellst, siehst Du genau die Größe des Bildes, wie es in der Vorschau beim Auktionshaus erscheinen wird.

4.  Jetzt kannst Du verschiedene Effekte „einbauen". Nützlich ist oft der „Schärfe"-Filter.

5.  Speichere das Bild jetzt in einem Format, das von der Auktionsplattform unterstützt wird. Du solltest die Auktionsbilder nicht in einem Format abspeichern, das das Bild komprimiert (zum Beispiel JPG). Ideal sind TIF oder BMP.

Bei einigen Auktionshäusern hast Du nicht die Möglichkeit ein separates Vorschaubild einzufügen. Stattdessen wird beispielsweise das erste Artikelbild genommen.

# 11.  Das Layout der Artikelbeschreibung

Bisher hast Du gelernt, wie man eine gewinnbringende Artikelbeschreibung textet und gute Bilder erzeugt. Jetzt musst Du beides zusammenfügen und gestalten.

Mit Gestalten ist in diesem Fall die Festlegung einer Schriftart, der verschiedenen Farben, der Größen und die Anordnung der einzelnen Elemente gemeint.

Wenn Du Extra-Zeit aufwenden wirst, um Deine Beschreibung ansprechend zu gestalten, werden die potentiellen Käufer merken:

„Der kümmert sich um das, was er verkaufen will. Da habe ich ein gutes Gefühl."

Wenn Du schon etwas HTML – die Sprache mit der Websites gestaltet werden – beherrschst, wird es leicht für Dich sein, solche Beschreibungen zu erstellen.

Am einfachsten ist es, mit einem Programm zu arbeiten, bei denen man keinerlei HTML-Kenntnisse benötigt. Eine Liste kostenloser Programme findest Du auf meiner Homepage. Diese Programme arbeiten meistens nach dem WYSIWYG – Prinzip (What you see is what you get). Die Gestaltung ist so einfach wie bei einem Textverarbeitungsprogramm. Den erstellten Quellcode fügst Du dann einfach als Artikelbeschreibung ein.

## 11.1. HTML-Befehle

Möchtest Du kein Extra-Programm installieren, kannst Du die nachfolgenden Befehle benutzen, um Deine Beschreibung ansprechend zu gestalten. Dies ist kein kompletter HTML-Kurs. Solltest Du Dich näher damit beschäftigen wollen, findest Du wiederum auf meiner Homepage eine aktuelle Liste mit vollständigen Tutorien.

Der Internet-Browser erkennt einen HTML-Befehl an den spitzen Klammern <>. Wenn Du ein b in die Artikelbeschreibung einfügst, wird später einfach ein b dort stehen. Setzt Du das b in spitze Klammern <b> wird der nachfolgende Text in Fettschrift erscheinen. Mit dem Tag </b> wird die Fettschrift wieder ausgestellt. So einfach ist das.

Diese Befehle kannst Du also einfach während der Eingabe der Artikelbeschreibung nach Belieben einfügen.

---

Fettschrift:

Dies ist eine &lt;b&gt;nagelneue&lt;/b&gt; CD von Britney Spears.

ergibt

Dies ist eine **nagelneue** CD von Britney Spears.

---

Du solltest auf keinen Fall, die ganze Beschreibung in Fettschrift erstellen, sondern nur bestimmte Wörter hervorheben, z. B. Eigenschaften Deines Artikels oder Besonderheiten.

Text in Schrägschrift (kursiv) erstellst Du wie die Fettschrift, Du benutzt statt des b einfach ein i.

---

Kursiver Text:

Dies ist eine &lt;i&gt;nagelneue&lt;/i&gt; CD von Britney Spears.

ergibt

Dies ist eine *nagelneue* CD von Britney Spears.

---

Um einen Text zu unterstreichen, benutzt Du einfach ein u.

---

Text unterstreichen:

Dies ist eine &lt;u&gt;nagelneue&lt;/u&gt; CD von Britney Spears.

ergibt

Dies ist eine <u>nagelneue</u> CD von Britney Spears.

---

Du solltest gewarnt sein: Benutze nicht zuviel verschiedene Gestaltungmöglichkeiten auf einmal. Das wirkt häufig überladen. Dies ist aber möglich und würde so aussehen:

---

**Fettschrift, kursiv, unterstrichen:**

Dies ist eine `<b><i><u>nagelneue</b></i></u>` CD von Britney Spears.

ergibt

Dies ist eine **_nagelneue_** CD von Britney Spears.

---

Um eine neue Zeile beginnen, gibt es zwei Möglichkeiten:

---

**Neue Zeile beginnen:**

Dies ist ein tolles Auto!`<br>`Mit einem tollen Gurt!

ergibt

Dies ist ein tolles Auto!
Mit einem tollen Gurt!

---

**Neue Zeile beginnen mit Leerzeile:**

Dies ist ein tolles Fahrrad!`<p>`Mit Klingel sogar.

ergibt

Dies ist ein tolles Fahrrad!

Mit Klingel sogar.

---

Ist der Unterschied klar geworden? Bei dem ersten Befehl, wird einfach mit der nächsten Zeile angefangen. Bei dem zweiten Befehl wird zusätzlich noch eine Leerzeile eingeschoben.

Überschriften lassen sich am leichtesten mit den dafür vorgesehen Befehlen erstellen:

---

Überschriften:

`<h1>Das ist eine geniale Überschrift</h1>`

ergibt

# Das ist eine geniale Überschrift

h1 kann durch h2, h3, h4, h5 und h6 ersetzt werden:

h2 = Das ist eine geniale Überschrift

h3 = Das ist eine geniale Überschrift

h4 = Das ist eine geniale Überschrift

h5 = Das ist eine geniale Überschrift

h6 = Das ist eine geniale Überschrift

---

Du kannst natürlich auch einen Link (Verknüpfung) auf eine andere Internetseite einfügen. Dies ist zum Beispiel sinnvoll, wenn Du ein Buch verkaufst und bei diversen Onlinebuchhändlern sehr gute Rezensionen vorhanden sind. Du fügst dann einfach einen Link ein und die potentiellen Käufer können sich dann die Rezensionen zu dem Buch durchlesen. Da bei Buchhändlern auch der Preis zu finden ist, solltest Du Deinen Artikel natürlich günstiger anbieten. Es gibt viele Gründe einen Link einzufügen

Link auf eine andere Internetseite:

<A HREF="http://www.internetseite.de">Hier findet man weitere Informationen!</A>

ergibt

Hier findet man weitere Informationen! (als Link)

In die Anführungszeichen wird also die Internetadresse geschrieben, während zwischen die spitzen Klammern der Text, der erscheinen soll, gesetzt wird.

Es kann auch sinnvoll sein, Deine E-Mail-Adresse in der Beschreibung einzufügen. Es könnte nämlich passieren, das die Leute keine 10 Tage – oder wann auch immer die Auktion abgelaufen ist – warten wollen und Dich anschreiben, ob Du noch mehr von Deinen Produkten hast und diese auch außerhalb der Auktion verkaufst.

Link auf Deine E-Mail-Adresse:

<A HREF="mailto:deinname@deinemail.de">Mail mir!</A>

ergibt

Mail mir! (als Link)

In die Anführungszeichen kommt also Deine E-Mail-Adresse und in die spitzen Klammern, der Text (kann auch die Adresse sein), der erscheinen soll.

Zumindest ein Bild sollte bei der Beschreibung eingefügt sein. Wenn Du dies nicht über die Auktionsplattform, sondern professioneller machen möchtest, kannst Du dies wie folgt tun:

---

**Bild einfügen:**

&lt;IMG SRC="http://www.adresse.de/bildname.endung&gt;

ergibt

> Bild

---

Beachte, dass das Bild nicht so groß wird, es sollte mindestens noch auf einen 15 Zoll Bildschirm passen (etwa 640 x 480 Bildpunkte). Ganz wichtig ist auch noch die Dateigröße des Bildes. Dauert der Ladevorgang zu lange, musst Du damit rechnen, das der Betrachter den „Zurück"-Button des Browser drückt und dann bist Du einen potentiellen Käufer los. Im Schnitt kannst Du damit rechnen, dass etwa 6 Kilobyte Daten pro Sekunde übertragen werden, wenn wir davon ausgehen, dass die breite Masse Deine Anzeige lesen soll. Das bedeutet, dass es 3 Sekunden dauert, bis ein 18 Kilobyte großes Bild geladen ist.

Du kannst natürlich auch Clip Arts einfügen. Das sind kleine Zeichentrickbilder. Oft lockern diese die Anzeige auf. Es gibt auf CD-Clipartsammlung mit etlichen 1.000 Clip Arts. Aber auch im Internet hast Du Zugriff darauf.

Wenn Du ein Clip Art im Internet gefunden hast, dann drücke einfach mit der rechten Maustaste darauf und wähle „Speichern unter ..." aus. Wähle das Verzeichnis, in dem der Clip Art gespeichert werden soll. Einfügen kannst Du diesen wie ein normales Bild.

Beachte aber, dass im World Wide Web viele Bilder dem Urheberrecht unterliegen.

Es gibt auch animierte Grafiken, d. h. Bilder auf denen eine Bewegung vollzogen wird. Auch diese kannst Du wie normale Bilder in Deine Beschreibung einfügen.

Ähnlich wie das Einfügen von Bildern funktioniert das Laden eines Hintergrundbildes. Meistens wird dabei nur ein kleines Bild bzw. Muster geladen und dann so oft aneinander gesetzt bis der ganze Bildschirm ausgefüllt ist.

---

**Laden eines Hintergrundes:**

```
<BODY BACKGROUND="http://www.
    adresse.de/bildname.endung">
```

---

Das Hintergrundbild kann einen sehr guten Effekt haben, wenn es richtig ausgewählt wurde. Wähle unbedingt ein Bild, das farblich zu Deiner sonstigen Artikelbeschreibung passt, sonst wirkt es leicht kitschig. Ein Hintergrundbild ist nicht unbedingt erforderlich und sollte mit Vorsicht eingesetzt werden.

Anstelle eines Hintergrundbildes kann man auch einfach nur die Hintergrundfarbe ändern. Dazu passend kann auch die Textfarbe und die Farbe der Links bestimmt werden. Dies funktioniert folgendermaßen:

---

**Verändern der Hintergrundfarbe/Text/Link:**

```
<BODY BGCOLOR="######" TEXT="######"
LINK="######">
```

---

Dabei müssen die ###### durch die Hex-Farbcodes ersetzt werden.

Doch nicht jeder Browser kann jede Farbe darstellen. Grundsätzlich können die Farben dargestellt werden, die aus folgenden Zeichen zusammengesetzt sind: cc, ff, 00, 33, 66, 99.
Drei Stück dieser Paare bilden jeweils einen Hex-Code. Beispiel:

| | | | |
|---|---|---|---|
| 000000 | schwarz | FFCCFF | hellpink |
| 666666 | dunkelgrau | FF66FF | mittelpink |
| FFFFFF | weiß | CC00CC | dunkelpink |
| FFFFCC | hellgelb | 990000 | braun |
| FFFF33 | mittelgelb | FF9933 | orange |
| 99FFFF | türkis | 999900 | oliv |
| 00FF00 | hellgrün | 66CCFF | hellblau |
| 006600 | dunkelgrün | 3333FF | mittelblau |
| 990099 | lila | 009999 | mint |

Diese Definition muss am Anfang der Artikelbeschreibung erfolgen. Andere Hex-Farbode kann man mit jedem beliebigen Bildbearbeitungsprogramm herausfinden.

Wie ändert man die Farbe des Textes zeitweilig?

---

**Verändern der Schriftfarbe:**

<FONT COLOR="######">ohne Versand</FONT>

ergibt

ohne Versand

---

Auch hier gilt: Lieber nicht übertreiben, Farben nur gezielt einsetzen.
    Einen waagerechten Strich über die Bildschirmseite erzeugst Du mit dem Befehl <HR> .

**Waagerechten Strich einfügen:**

&lt;HR&gt;

Wer noch mehr HTML-Kenntnisse erwerben will, sollte auf meiner Homepage vorbeischauen. Dort findest Du Links zu Online-Tutorien und Büchertipps. Aber mit den jetzt erlernten Kenntnissen solltest Du in der Lage sein, eine Artikelbeschreibung zu entwerfen, die sich weit von der Masse abhebt. So wirst Du auch Deine Produkte verkaufen können.

## 11.2. Online-Zähler

Es ist wichtig für Dich zu wissen, wie viele Leute Deine Anzeige gelesen haben. Warum fragst Du?

Wenn Deine Anzeige wenig gelesen wird, ist Dein Titel wenig ansprechend, denn bei jedem Klick wird der Zähler erhöht. Wenn Du weißt, wie oft die Anzeige gelesen wurde, kannst Du dies zu der Anzahl der Gebote ins Verhältnis setzen. Ist dieses Verhältnis gering, ist Deine Beschreibung nicht ansprechend. Diese Theorien funktionieren nur bei einem vernünftigen Preis. Wenn der Preis zu hoch ist, wird niemand auf Deinen Titel klicken, geschweige denn darauf bieten.

Wie kannst Du sehen, wie viele Leute Deine Anzeige schon gelesen haben? Entweder bieten die Auktionshäuser solche Zähler von Haus aus an oder Du besorgst Dir einen kostenlosen Online-Zähler. Wo es so etwas gibt, erfährst Du auf meiner Homepage.

Nachdem Du Dich für einen Online-Zähler angemeldet hast, wird Dir ein HTML-Text zur Verfügung gestellt. Diesen fügst Du dann einfach in Deine bisherige Anzeige an passender Stelle ein. Wenn Du nicht möchtest, dass jeder sieht, wie viele Zugriffe Du hast, musst Du Dich auf die Suche nach verdeckten Online-Zähler machen, die aber meistens nicht kostenlos angeboten werden, da sie kein Geld durch Werbung verdienen können. Der Vorteil bei verdeckten Zählern liegt auch darin, dass Deine Konkurrenten diese Daten nicht zur eigenen Marktanalyse nutzen können.

**Nutze die Online-Zähler auch, um festzustellen, wie viele Zugriffe Du in welcher Kategorie hast. Damit findest Du leicht heraus, welche Kategorien sich am besten für Dein Produkt eignen. Berechne am besten Zugriffswahrscheinlichkeiten pro Kategorie. Stelle damit auch fest, an welchen Tagen und zu welchen Uhrzeiten am meisten Zugriffe waren. Daran könntest Du das nächste Mal das Ende der Auktion bestimmen. Beachte aber, dass dies von Auktion zu Auktion unterschiedlich sein kann.**

## 11.3. Einstellung der Artikelbeschreibung

Deine Artikelbeschreibung ist jetzt perfekt? Dann musst Du sie nur noch auf Deine Auktionsplattform bringen. Mit welchem Programm Du den HTML-Text auch immer erstellt hast, Du musst ihn lediglich in das Feld für Artikelbeschreibung hineinkopieren.

1. Markiere einfach den Text. Dabei solltest Du darauf achten, dass Du die Befehle </BODY> und </HTML> am Ende der Seite nicht mitmarkierst. Das wäre fatal, weil alles, was danach kommt, nicht mehr angezeigt werden würde.
2. In der Regel kannst Du dann mit der rechten Maustaste auf den markierten Text klicken und „kopieren" auswählen (Alternativ: Strg + C drücken)
3. Gehe jetzt an die Stelle der Auktionsplattform, an der Du die Artikelbeschreibung eingeben sollst.

4. Drücke jetzt wieder die rechte Maustaste und wähle dann „Einfügen" (Alternativ: Strg + V drücken)
5. Fertig.

In der Regel kannst Du dann eine Vorschau auf Deine Anzeige sehen. Falls Du noch Änderungen wünscht, kannst Du jederzeit zurückgehen und diese vornehmen.

Sofern Du vorhast, diese Beschreibung wieder zu verwenden, solltest Du sie auf die Festplatte speichern.

## 12. Der verflixte Startpreis

Kennst Du die Situation, in der Du sagst: „Na, auf den einen Euro kommt es jetzt auch nicht mehr an!". Ob Du jetzt 99 oder 100 Euro zahlst, das ist egal, aber wenn Du gleich 100 Euro auf den Tisch packen sollst? Dieses Beispiel soll Dir folgendes sagen:

Wenn Du einen niedrigen Startpreis hast, dann werden anfangs viele Leute auf Deinen Artikel bieten. Wenn Du einen hohen Startpreis hast, wird anfangs keiner oder nur wenige auf Deinen Artikel bieten. Klingt logisch, sagst Du? Klar, aber wenn die Leute überboten werden, dann werden sie wieder bieten, weil sie ja nur noch 1 Euro mehr bieten müssen und „auf den einen Euro kommt es ja nun auch nicht mehr an!". Außerdem werden sie in der Regel ständig informiert, sobald sie überboten worden sind, d. h. ständig werden sie an Deine Auktion erinnert. Sie werden aber nicht erinnert, wenn sie noch überhaupt nicht geboten haben. In den letzten Minuten einer Auktion passiert es nicht selten, dass sich der Preis verdoppelt oder verdreifacht.

Hast Du Angst, dass Du ein Verlustgeschäft machst, weil Du Deinen Artikel anfangs so günstig anbietest? Es wurde stets gesagt, dass Du Qualität verkaufen sollst. Wenn Du gute Produkte hast und den Markt sorgfältig recherchiert hast, wirst Du mit hoher Wahrscheinlichkeit auch einen guten Preis dafür erzielen. Du könntest natürlich auch unfaire (und illegale) Methoden anwenden wie z. B.

das Hochtreiben des eigenen Preises durch einen anderen Account, aber so etwas hast Du nicht nötig und soll hier nicht unterstützt werden.

Du solltest auch an die Einstellgebühr denken (sofern es sie bei Deiner Auktionsplattform gibt). Je niedriger der Startpreis, desto niedriger die Einstellgebühr. Meistens ist es sinnvoll bei 1,00 Euro zu beginnen, wenn Du auf einer Auktionsplattform bist, die Geld für das Einstellen verlangt und viele Mitglieder hat.

Wenn Du einen Artikel hast, bei dem Du weißt, das es höchstens ein oder zwei Bieter geben wird, weil er so außergewöhnlich ist, musst Du einen Startpreis kalkulieren, der mindestens so hoch ist, dass Du keinen Verlust machst. Dabei könntest Du zum Beispiel folgendes beachten:

      Deine Kosten für den Erwerb des Gegenstandes

+     angefallene Transportkosten

+     anfallende Transportkosten, sofern der Käufer sie nicht übernimmt

+     Einstellgebühren

+     Internetgebühren für die Marktanalyse und das Einstellen

+     Sonstige Kosten

=     Mindeststartpreis vor Verkaufsgebühr

+     Verkaufsgebühren bei der Auktionsplattform

=     **Mindeststartpreis**

Die Verkaufsgebühr hängt von Deiner Auktionsplattform ab. Meistens wird ein prozentualer Satz verlangt. Nehmen wir an, der Mindeststartpreis vor Verkaufsgebühr beträgt 75,00 Euro und die Verkaufsgebühr beträgt 4% vom höchsten Gebot. Dann darfst Du nicht 75,00 Euro + 75,00 Euro x  4% = 78,00 Euro rechnen, sondern

*75,00 Euro : (100% - 4%) =  78,13 Euro.*

Der Mindeststartpreis vor Verkaufsgebühr beträgt in diesem Fall 96% des Mindeststartpreises.

Du solltest vorsichtig sein, wenn Du Auktionen mit mehreren identischen Artikeln startest. Du könntest den Markt leicht übersättigen. Bei dieser Auktionsart solltest Du immer den Mindeststartpreis anhand des obigen Schemas ermitteln.

# 13.  Die Auktionszeit und Auktionsdauer

Als Online-Auktionsverkäufer ist die Zeit ein sehr wichtiger Faktor für Dich. Es kann der Unterschied zwischen Erfolg und Misserfolg sein. Du wirst Dich schon oft gefragt haben: Wie lange lasse ich jetzt meine Auktion laufen? An welchem Tag und zu welcher Zeit sollte die Auktion am besten enden?

Dauert die Auktion zu lange, kann es passieren, dass sie anfangs in den anderen Auktionen Deiner Konkurrenten untergeht. Je näher das Auktionsende naht, desto weiter „rutscht" Dein Artikel aber nach oben. Ist sie jedoch zu kurz angesetzt, kann es wiederum passieren, dass sie nur von wenigen Leuten gesehen wird und deshalb wenig Gebote bekommt. Deshalb sollten tendenziell längere Auktionszeiten gewählt werden.

In der Regel sind 10 Tage am besten, denn dann ist garantiert, dass die Auktion an zwei Wochenenden läuft. Starte Deine Auktion am Mittwoch- oder Donnerstagabend und lasse sie 10 Tage laufen. Manche Auktionshäuser erlauben auch längere Zeiten. Doch davon solltest Du keinen Gebrauch machen. Wenn die Bieter länger als 10

Tage plus Zahlungslaufzeit plus Versandlaufzeit warten sollen, bis sie einen Artikel in der Hand haben, werden diese kein Gebot abgeben.

Wenn Deine Auktion durch eine Extra-Gebühr am Anfang jeder Kategorie gestellt wird, sollte die Auktion immer 10 Tage laufen, damit Du die Extragebühr ausnutzt.

Du solltest Standard-Auktionen so planen, dass sie am Sonntagabend (17.00 Uhr– 20.00 Uhr) enden. Dann ist in der Regel jeder zuhause und am meisten Leute sind im Internet. Nicht jeder darf während der Arbeit im Internet surfen. Häufig wird am Wochenende angeschaut, welche Auktionen am jeweiligen Tag enden.

Auf keinen Fall solltest Du ein Wochenende wählen, an dem am Freitag oder Montag ein gesetzlicher Feiertag ist, denn viele Leute nutzen diese „langen Wochenenden" zu einem Wochenendtrip und sind weit von ihrem Computer entfernt.

Die Wahl des richtigen Tages kommt aber auch auf Dein Produkt an: zum Beispiel sind Käufer von Buchhaltungssoftware in der Regel Geschäftsleute, die am Wochenende nicht arbeiten werden. Babykleidung könntest Du gut in der Woche loswerden, da einer der Elternteile meistens zur Arbeit ist, das Baby schläft und der erziehende Elternteil Zeit hat, sich um Online-Auktionen zu kümmern.

Zu beachten sind aber auch saisonale Beeinflussungen. Du musst zum Beispiel im Sommer damit rechnen, dass viele Leute weggefahren sind und deshalb nicht bieten können. In der Vorweihnachtszeit hingegen werden viele auf Geschenksuche sein. Aber auch nach Weihnachten werden viele das geschenkt bekommene Geld ausgeben wollen. Eventuell könntest Du auch noch die Lohn- und Gehaltszahlungen einplanen. Am Anfang des Monats haben die meisten Leute mehr Geld auf ihrem Konto als am Monatsende, da das Gehalt bzw. der Lohn meistens am Ende des abgelaufenen Monats gezahlt wird.

 **Du solltest daran denken, Deine Auktionen etwa zwei bis drei Stunden vorher aufzugeben, da die Auktionen später erscheinen und erst dann die gewählte Auktionsdauer beginnt. Wenn die Auktion um 19:30 Uhr enden soll, solltest Du sie um 17:00 Uhr etwa einstellen.**

Dies sind aber alles nur Standardratschläge. Am besten ist es durch ein bisschen Recherche festzustellen, wann das beste Auktionsende ist. Dazu könntest Du auch die Online-Zähler benutzen. Damit kannst Du den besten Tag und die beste Zeit ermitteln. Die nächsten Auktionen startest Du dann so, dass sie kurz nach der Zeit enden, an denen die meisten Besucher auf Deiner Auktion waren. Wenn Du viele gleichartige Produkte anbietest oder immer wieder verkaufst, solltest Du Dir anfangs die Mühe machen, diese nacheinander zu verschieden Zeitpunkten und Auktionsdauern anzubieten und dann ein Fazit zu ziehen.

Ein großes Problem sind die Sniper, die wir oben schon einmal angesprochen haben. Das sind diejenigen Leute, die Ihre Gebote in der allerletzten Sekunde abgeben. Dadurch kommen andere Bieter nicht mehr zum Zug, obwohl sie das Gebot des Snipers eigentlich überboten hätten. Eigentlich bist Du gegen solche Leute machtlos. Du könntest höchstes ausdrücklich in Deiner Auktion schreiben, dass Du keine Gebote akzeptieren wirst, die kurz vor dem Ende der Auktion platziert werden. Du darfst dabei natürlich nicht sagen, was für Dich „kurz vor dem Ende" heißt. Die andere Möglichkeit ist, die Auktion mitten in der Nacht enden zu lassen. Dann werden nur die wirklich harten Sniper bieten. Allerdings steht dies ganze im Widerspruch zu dem oben gesagten.

## 13.1. Sofortkauf

Stelle Dir vor, Du suchst noch ein Weihnachtsgeschenk und es ist
der 18. Dezember. Da siehst Du für Deinen Sohn das Computer-
spiel, welches er sich gewünscht hat – noch original verpackt – auf
einer Auktionsplattform. Der Ladenpreis beträgt 50,00 Euro, der
Startpreis liegt bei 1,00 Euro. Du kannst in der Regel sicher sein,
dass der Auktionspreis unter dem Ladenpreis liegt. Leider endet die
Auktion aber erst am 24. Dezember. Dies ist viel zu spät. Wäre es
da nicht sinnvoll, wenn es die Möglichkeit geben würde, dass Du
diesen Artikel zu einem vom Verkäufer festgelegten Preis sofort
kaufen kannst, ohne dass das Ende der Auktion abgewartet werden
muss? Du hast Glück, diese Funktion gibt es bei einigen Auktionsplattformen und viele Versteigerer nutzen diese auch. Wenn allerdings schon jemand auf den Artikel geboten hat, verschwindet diese Möglichkeit. Diese Funktion hat von Auktionshaus zu Auktionshaus einen anderen Namen.

Der Vorteil liegt wie bereits dargestellt in der verkürzten Aukti-
onszeit. Im Extremfall kann bei einer schnellen Zahlungsmethode
(Kreditkarte oder Mobiltelefon) und einer Lieferung per e-Mail (z.
B. bei Beschreibungen) der ganze Verkauf innerhalb von Minuten
erledigt werden. Diese Funktion ist also für Käufer interessant, die
kein Interesse am Bieten und Warten haben. Sie haben keine Lust
mehrere Tage hingehalten und am Ende doch noch überboten zu
werden. Außerdem entfällt die ganze Problematik mit den so genannten „Snipern".

Dem Verkäufer kann es aber passieren, dass er durch den Sofortkauf weniger verdient als bei der gewöhnlichen Auktion. Dies
wird er aber nie erfahren. Der Spaßfaktor an den Online-Auktionen
ist ebenfalls verschwunden, da es ein ganz gewöhnlicher Verkauf
wird.

Du siehst, dass diese Verkaufsfunktion Vor- und Nachteile haben kann. Einige Leute sind der Meinung, dass sie nichts auf den
Online-Auktionplattformen verloren hat. Andere wiederum sehen

dies als weitere Absatzchance. Da diese Absatzmöglichkeit normalerweise zusätzlich nichts kostet, solltest Du diese immer nutzen.

 **Ideal ist es, wenn Du den Auktions-
Marktpreis Deines Artikels herausfindest,
dann noch 10% bis 20% hinzurechnest und
diesen Wert als Sofortkaufpreis ansetzt.
Dieser Betrag ist es den Käufern in der Regel wert, dass sie den Artikel mit Sicherheit
und früher erhalten als beim gewöhnlichen
Auktionsverlauf.**

## 13.2. Auktionen vorzeitig beenden

Du möchtest eine Auktion vorzeitig beenden? Es kann immer
mal passieren, dass etwas dazwischen kommt. Der Auktionsgegenstand ist zerstört oder ein persönliches Schicksal hat Dich ge-
troffen, so dass Du momentan keine Lust hast, über Dein Geld
nachzudenken. Auch Du bist davon leider nicht ausgenommen.

Solange noch keine Gebote vorhanden sind, dürfte es kein Problem geben, eine Auktion vorzeitig zu beenden oder zurückzuziehen. Meistens muss man dafür nur ein Online-Formular ausfüllen.

Sind schon Gebote vorhanden, müsstest Du den Höchstbietenden eigentlich beliefern. Dies wird aber von Auktionsplattform zu
Auktionsplattform unterschiedlich gehandhabt. Bei einigen kannst
Du öffentlich auf der Auktionsseite Deine Beweggründe nennen,
bei anderen musst Du jeden einzelnen Bieter auffordern, sein Gebot
zurückzuziehen.

## 13.3. Gebote zurückziehen

Wenn Du während der Auktion siehst, dass ein bekannter Be-
trüger auf Deinen Artikel geboten hat oder Dir nicht wohl bei ihm
ist, weil Du seine Bewertungen gelesen hast, kannst Du in der Regel das Gebot stornieren. Der Höchstbietende vor ihm ist dann
wieder an der ersten Stelle. Manchmal wird es öffentlich protokol-
liert, wie viele Gebote bei einem storniert wurden.

# 14.  Die internationale Auktion

Warum bietest Du Deinen Artikel nicht einfach weltweit an? Du
hast dann Millionen von Leuten mehr, die auf Deine Artikel bieten
können. Viele haben Angst vor internationalen Geschäften, Angst
vor den Transportkosten, der Transportverzögerung, Verständi-
gungsprobleme.

Sicherlich musst Du mehr Geduld aufbringen, aber es kann sich
lohnen: In den Online-Auktionen in Amerika gibt es mehr Online-
Bieter als irgendwo anders in der Welt. Wenn Du der englischen
Sprache nicht mächtig bist, kannst Du dieses Kapitel überspringen.
Ansonsten musst Du Dich lediglich mit den Problemfeldern Ver-
sand und Zahlungsmöglichkeiten auseinander setzen. Du solltest in
Deiner Artikelbeschreibung ausdrücklich darauf hinweisen, dass
Du auch internationale Bieter akzeptierst. Im Anhang findest Du
noch eine Übersicht mit den wichtigsten englischen Begriffen rund
um die Auktion.

## 14.1. Versand und Zoll

Beim Thema Versand musst Du vorher Erkundigungen einho-
len, welche Formalitäten Du erledigen musst und was der Versand
kostet. Der Versand nach New York wird teurer sein als nach Mün-
chen. Mache dies schon in Deiner Auktionsbeschreibung deutlich

und nenne einen festen Betrag. Man kann sicher sein, dass Du jetzt im ersten Moment auch nicht wüsstest, wie teuer der Versand von einem 5 Kilogramm Paket nach Kalifornien ist, oder? Beim internationalen Versand kannst Du zwischen vielen Anbietern wählen. Du solltest vorher unbedingt die Preise vergleichen.

Viele Leute scheuen sich vor dem internationalen Verkauf ihrer Waren, da sie Angst vor den Zollbestimmungen haben. Wenn Du legale Waren innerhalb der Länder der Europäischen Gemeinschaft versendest, musst Du den Zoll in keiner Weise beachten. Erst wenn Waren entweder in das Zollgebiet der Europäischen Gemeinschaft (Belgien, Dänemark, Deutschland, Finnland, Frankreich, Griechenland, Großbritannien, Irland, Italien, Luxemburg, Niederlande, Österreich, Portugal, Schweden, Spanien) eingeführt oder aus dem Zollgebiet ausgeführt werden, gelten folgende Regelungen, sofern Du die Postsendungen bei der Deutschen Post AG aufgibst:

• Geschenke können ohne Zollformalitäten in ein Drittland versandt werden.

• Andere nicht kommerzielle Sendungen können unter bestimmten Voraussetzungen auch frei sein, da Du aber Waren verkaufst, gilt dies als kommerziell. Deshalb wird dieser Punkt hier nicht behandelt.

• Für Briefe mit Wareninhalt ist der Zollaufkleber CN 22 vorgesehen.

• Für Päckchen musst Du einen Paketaufkleber und ebenfalls den Zollaufkleber CN 22 benutzen.

• Für Pakete verwendest Du ein Paketkartenset. Dies besteht aus Einlieferungsschein, Paketkarte, Aufschriftzettel und Zollinhaltserklärung CN 23 als Durchschreibesatz.

Alle Formulare erhältst Du bei der Deutschen Post AG und sind vollständig auszufüllen. Du hast mit dem Zoll nichts mehr zu tun, sobald Du die Post aufgegeben hast. Der Käufer muss damit rechnen, dass er zusätzlich zu seinem Gebot Zoll zahlen muss. Dies ist nicht Dein Problem und deshalb kannst Du Dir einen Hinweis in der Artikelbeschreibung auch sparen.

Waren, die Du auf keinen Fall ohne Genehmigung in ein anderes Land (auch nicht innerhalb der Europäischen Gemeinschaft) verschicken solltest, sind unter anderem Waffen, verfassungswidrige Veröffentlichungen, pornografische Schriften, Arzneimittel, Betäubungsmittel und Lebensmittel.

## 14.2. Zahlungsverkehr

Wie soll der Kunde bezahlen? Auslandsüberweisungen sind meistens noch recht teuer und lohnen sich deshalb nur bei wertvollen Gegenständen. Ebenso ist das Einlösen von ausländischen Schecks sehr kostspielig.

Wenn Du viel in den USA verkaufst, solltest Du über die Anschaffung einer Kreditkarte nachdenken. Damit kannst Du Dich dann bei Inkassounternehmen anmelden. Diese belasten dann die Kreditkarte des Verkäufers und schreiben Dir den Betrag abzüglich einer geringen Gebühr gut. Obwohl der Käufer mehrere tausend Kilometer entfernt ist, kannst Du nach ein paar Minuten sicher sein, dass Du Dein Geld auch bekommst. In den USA hat fast jeder eine Kreditkarte und die Inkassounternehmen sind ebenfalls sehr bekannt und werden gerne akzeptiert.

Eine gute Alternative dazu ist das versenden von Bargeld. Bei kleinen Beträgen hat der Käufer damit in der Regel keine Probleme und akzeptiert diese Zahlungsweise. Allerdings sollte dieser Brief natürlich als Einschreiben oder Wertbrief verschickt werden, damit man sicher sein kann, dass er auch ankommt.

Wenn Du Umsatzsteuer abführen musst oder dazu optiert hast, solltest Du aktuelle Literatur zu Rate ziehen oder im Internet recherchieren. Die Regelungen sind recht kurzlebig und sollen deshalb hier nicht behandelt werden. Solange Du mit der Umsatzsteuer aber noch nichts zu tun hast, kannst Du diese auch beim internationalen Warenverkehr in der Regel außer Acht lassen.

# IV. NACH DER AUKTION

## 15. Der weitere Ablauf

### 15.1. e-Mail zum Ende der Auktion

Du hast jetzt Deinen Artikel bei einer Online-Auktion versteigert und bist gespannt. Nun hast Du gesehen, dass man wirklich Geld verdienen kann. Als erstes solltest Du eine e-Mail an den Auktionsgewinner schicken, sage ihm freundlich, wohin er das Geld schicken soll und lege andere Modalitäten fest. Du solltest Dir auch überlegen, ob Du die Leute mit „Du" oder „Sie" anschreibst. „Du" wirkt freundlicher, „Sie" wirkt seriöser. Auf keinen Fall solltest Du beides vermischen, wenn Du mehrere e-Mails schickst.

Schreibe ihm, dass Du Dich melden wirst, sobald das Geld angekommen sei und dass dann sofort der Artikel versandt würde. Dies hat zwei Vorteile: Zum einen wird er Dir das Geld schneller schicken, zum anderen fühlt er sich wohl, wenn Du Dich so um ihn kümmerst. Gerade wenn Du mit einem Neuling ein Geschäft machst, solltest Du einfühlsam sein. Anfänger erkennst Du in der Regel an der niedrigen Bewertungszahl. Wenn sich der Versand verzögern sollte, solltest Du ihm das unbedingt mitteilen.

Hier sind noch ein paar Tipps:

- Achte auf korrekte Rechtschreibung, Grammatik und Zeichensetzung
- Schreibe die e-Mail nicht in HTML, denn Du weißt nicht, ob das e-Mail-Programm des Empfängers dieses verarbeiten kann.
- Benutze einfache, verständliche Sprache und Satzbau.

- Schreibe niemals in Befehlsform wie „Du musst" oder „Du sollst", höflicher wäre „Ich wäre Dir dankbar" oder so ähnlich
- Schreibe keine Wörter komplett in Großbuchstaben. Großbuchstaben werden in einer e-Mail wie Schreien gewertet. Du würdest Dich bestimmt auch nicht anschreien lassen wollen, oder?
- Schreibe auf jeden Fall eine freundliche Anrede und ein nettes Schlusswort
- Nenne auf jeden Fall die Auktionsnummer und den Auktionsgegenstand
- Lese die e-Mail-Korrektur, insbesondere Bankverbindungen etc.

Eine e-Mail an den Käufer könnte zum Beispiel so aussehen:

Sehr geehrter Herr Mustermann bzw. Frau Musterfrau,

Ihr Gebot für den Rasenmäher QX 10 war erfolgreich. Ich bedanke mich für dieses Gebot und Ihr mir entgegengebrachtes Vertrauen.

Bitte überweisen Sie EURO 200,00 (inkl. EURO 15,00 Versand) auf mein Konto

Konto Nr. 0 123 456 789
Musterbank Himmelhaus, BLZ 123 456 00

Unmittelbar nach Geldeingang werde ich Ihnen den Rasenmäher zusenden und eine Bestätigung per e-Mail schicken.

Ich wünsche Ihnen noch ein schönes Wochenende.

Mit freundlichen Grüssen

Peter Musterkind

Wenn das Geld angekommen ist, solltest Du eine positive Bewertung abgeben. Dies ist nur fair. Die Wichtigkeit des Bewertungssystems wird noch besprochen. Wenn Du ein gutes Geschäft gemacht hast, solltest Du es den anderen Leuten auch mitteilen, denn der Käufer wird es in der Regel auch für Dich tun.

## 15.2. Zahlungsarten

Je mehr Zahlungsarten Du bei Deiner Auktion angibst, desto mehr Leute könntest Du damit erreichen. Vorauskasse hat sich jedoch durchgesetzt und wird von allen Online-Käufern in der Regel akzeptiert. Allerdings gibt es immer noch genügend Leute, die nur bei Anbietern kaufen, die auch die Bezahlung per Rechnung anbieten.

Wenn Du möglichst alle Leute mit Deinen Auktionen ansprechen möchtest, solltest Du auch die Bezahlung per Rechnung anbieten. Warnung: Viele, aber nicht alle Leute missbrauchen Dein Vertrauen. Du könntest Monate auf Dein Geld warten oder es nie erhalten. Rechtsstreitereien sind teuer und zeitaufwendig. Wenn Du diese Zahlungsart schon anbietest, dann solltest Du unbedingt Anreize für Vorausbezahlung machen, wie zum Beispiel den Wegfall der Versandkosten.

Nenne in der Artikelbeschreibung alle Zahlungsmöglichkeiten, die Du anbietest, nicht unbedingt auffällig, aber auch so, dass man nicht lange suchen muss.

Hier sind die häufigsten Zahlungsmethoden im Überblick:

| | Vorteil | Nachteil |
|---|---|---|
| **Überweisung vorab** | Sicherheit für Dich als Verkäufer | 3 bis 4 Tage Verzögerung der Warenlieferung durch Banklaufzeiten |
| **Scheck vorab** | Sicherheit für Dich als Verkäufer | 1 bis 2 Tage Verzögerung durch Postweg, außerdem noch Portokosten für Käufer |
| **Kreditkarte** | Teuer für Dich als Verkäufer, hohe Grundgebühr und hoher Provisionsanteil | Schnelle Lieferung möglich, keine Kosten für Käufer |
| **Nachnahme** | Schnelle Bezahlung bei gleichzeitiger Lieferung | Lohnt sich nur bei teureren Artikel, da relativ teure Gebühren |
| **Bargeld**<br><br>**(Direktübergabe)** | Schnellste Bezahlungsmöglichkeit | Nur möglich, wenn Du in der Nähe des Käufers wohnst |
| **Zahlung per Handy** | Geringe Gebühren, schnelle Zahlung | Noch nicht weit verbreitet |

## 15.3. Der Käufer zahlt nicht

Du hast jetzt eine tolle Auktionsbeschreibung erstellt, viele Leute haben geboten und Du hast dafür ein höheres Gebot erhalten als Du erwartet hast. Der Höchstbieter meldet sich nicht und zahlt auch nicht. Was nun?

Da hast Du nicht viele Möglichkeiten. Du hast zwar ein Rechtsgeschäft mit ihm abgeschlossen, aber solange Du noch die Ware hast, solltest Du lieber das Geschäft stornieren. Auf jeden Fall musst Du vorher nochmals mit ihm Kontakt aufnehmen. Viele Dinge lassen sich doch noch klären. Vielleicht hatte seine Festplatte eine Headcrash oder sein Haus ist abgebrannt.

Die folgende Strategie sollte Dich zu einem schnellen Abschluss des Geschäftes führen: Am Tag des Auktionsende, sendest Du eine e-Mail mit Deinen Zahlungsbedingungen an den Käufer. Zugleich forderst Du von ihm seinen Namen und Adresse an, falls die Auktionsplattform Dir dies nicht automatisch mitgeteilt hat. Wenn er nach drei Tagen immer noch nicht geantwortet hat, sendest Du ihm eine zweite Mitteilung. Sind wieder vier Tage vergangen ohne, dass er sich gemeldet hat, teilst Du ihm mit, dass das Geschäft storniert wird, wenn Du das Geld nicht bis zu einem bestimmten Datum erhältst. Insgesamt solltest Du nicht mehr als 10 Tage warten. Eine freundliche Zahlungserinnerung wäre diese:

---

Guten Tag,

die Grundsätze einer Erinnerungsmail sind diese:

- sie sollte kurz sein
- sie sollte freundlich sein
- sie sollte erfolgreich sein

Diese Mail ist kurz. Sie ist in freundlicher Gesinnung geschrieben. Ob sie erfolgreich ist, hängt von Ihnen ab.

[dann Kopie der ersten e-Mail einfügen]

---

Denke daran, dass Du eine Stornierung der jeweiligen Auktionsplattform mitteilst, damit Dir die Versteigerungsgebühr wieder gut-
geschrieben wird. Eine e-Mail könnte zum Beispiel so formuliert
werden:

---

Sehr geehrte Damen und Herren,

der Höchstbieter meiner Auktion mit der Auktionsnummer
0 123 456 789 hat sich trotz mehrmaliger Aufforderung
nicht gemeldet und den Artikel trotz vereinbarter Vorauskasse nicht bezahlt.

Ich bitte Sie deshalb um Gutschrift der Einstellungs- und
Versteigerungsgebühren.
Mein Benutzername lautet: fritz_mustermann

Mit freundlichen Grüßen

Max Muster

---

Danach könntest Du versuchen, den zweithöchsten Bieter anzu-
schreiben, ob er noch Interesse an dem Produkt hat
Es stellt sich jetzt die Frage, ob der nicht zahlende Käufer eine
schlechte Bewertung bekommen soll. Wenn Du schon eine Bewertung erhalten hast, obwohl gar kein Geschäft zustande gekommen
ist, solltest Du ihm auf jeden Fall eine negative Bewertung geben,
sofern diese gerechtfertigt ist. Dies ist besser für die ganze Gemeinschaft. Gibst Du ihm eine negative Bewertung, ohne dass Du
schon eine erhalten hast, könnte er Dir auch eine schlechte Bewertung geben – natürlich zu Unrecht. Dann ist Dir nicht geholfen. Das
Gegenteil könnte der Fall werden. Manchmal ist die beste Lösung,
einfach eine neutrale Bewertung abzugeben, sofern das Auktionshaus dies ermöglicht.

Häufig teilen die Käufer dem Verkäufer auch einfach mit, dass das Geld unterwegs ist und fordern den Versteigerer auf, den Gegenstand abzuschicken. Wenn Vorauskasse abgemacht ist, solltest Du dies auf keinen Fall tun

## 15.4. Die richtige Verpackung

Du hast es bestimmt schon einmal (oder öfter) erlebt: Du freust Dich schon seit Tagen auf das von Dir bestellte Produkt und endlich kommt der Postbote, guckt Dich mit großen Augen an und sagt: „Tut mir leid, aber das Paket ist unterwegs kaputt gegangen. Ich schlage vor, dass wir es wieder zurückschicken." Du nimmst es genauer unter die Lupe und Deine Vorahnung bestätigt sich: Alles ist zerbrochen. Wäre das Paket richtig verpackt gewesen, dann wäre alles heil geblieben. Ist es aber nicht ...

Wähle deshalb unbedingt eine gute Verpackung, möglichst einen stabilen Karton und fülle den verbleibenden Rest mit Zeitungspapier auf. Anstelle von Zeitungspapier kannst Du auch andere Füllmaterialien nehmen. Die Verpackungen kannst Du fertig kaufen. Günstiger ist es, wenn Du Bekannte und Verwandte bittest, Kartons und Umschläge für Dich aufzubewahren, bevor sie im Altpapier verschwinden. Diese kannst Du durch Zusammenfalten Platz sparend aufbewahren.

 **Besonders einfach stellst Du Füllmaterial mit einem Aktenvernichter her. Eine Anschaffung lohnt sich auf jeden Fall, da Du auch vertrauliche Kundendaten vernichten musst.**

Schreibe die Empfängeradresse sauber und in Schönschrift auf den Paketaufkleber. Besser wäre es, wenn Du sie mit dem Computer bedruckst. Wichtig ist auch die ausreichende Frankierung. Der

Käufer hat kein Interesse daran Strafporto zu bezahlen. Du kannst sicher sein, dass dies in Deiner Bewertung stehen würde.

Hier sind ein paar Verpackungstipps:

- **Bücher:** Falls Du Bücher verschickst, solltest Du diese auch als Büchersendung verschicken. Grundvoraussetzung ist, dass sich die Verpackung wieder ohne Beschädigung öffnen lässt. Am besten eignen sich dafür Klammern, die man durch Löcher im Umschlag steckt und danach umbiegt. Nach Belieben kann man dann die Verpackung öffnen oder wieder verschließen.

- **Fotos und andere unzerbrechliche Dinge:** Benutze einfach Standardumschläge mit einem großen Stück Pappe in der gleichen Größe, um für Stabilität zu sorgen. Bei alten oder kostbaren Dingen solltest Du Deinen Artikel zusätzlich in eine Plastikfolie wickeln und von beiden Seiten mit Pappe schützen. Zum Verkleben des Umschlages solltest Du nicht nur Deine Zunge sondern auch ein Stück Klebeband benutzen, damit Du sicher sein kannst, dass sich der Umschlag nicht von alleine öffnet. Wenn es ein sehr langer Artikel ist, solltest Du ihn aufrollen und in einem runden Papprohr mit zwei Deckeln verschicken.

- **Glaswaren, Porzellan und andere zerbrechliche Dinge:** Rolle die Artikel zuerst in dünnem Seidenpapier, dann in Luftpolsterfolie ein. Lege diesen dann in einen Karton, der an den Seiten noch ein wenig Platz lässt und fülle ihn mit Füllmaterial (Zeitungspapier, Schredderpapier usw.) auf. Als nächstes packst Du diesen Karton wieder in einen anderen Karton und füllst verbleibenden Platz wieder mit Füllmaterial. Jetzt dürfte Deine Ware ausreichend gesichert sein.

- **gerahmte Artikel:** Das Problem liegt hier in der Größe. Am leichtesten ist es, die einzelnen Komponenten einzeln zu verpacken (Glas, Rahmen, Bild, usw.). Rahmen solltest Du zusätzlich an den Ecken besonders schützen. Dieser sollte stramm im Karton liegen, damit er sich nicht durch die Eigenbewegung zerstören kann.

- **kleine Dinge:** Wenn Du kleine Dinge wie Schmuck, Briefmarken, Münzen oder anderes verschickst, was hohen Wert haben könnte, solltest Du sicher sein, dass dies in der Post nicht verloren geht. Lege den Artikel in einen kleinen passenden Karton oder Umschlag und fülle ihn mit Füllmaterial auf. Diesen verpackst Du dann wiederum in einen mittelgroßen Karton mit Füllmaterial. Eventuell solltest Du das Päckchen versichern oder per Einschreiben schicken.

- **Große Dinge:** Das Paket sollte ähnlich aufgebaut sein, wie eben beschrieben. Ist es aber zu groß, solltest Du einen Frachtservice beauftragen, der holt den Gegenstand bei Dir zuhause ab und sorgt gegen Aufpreis auch für die Verpackung.

Bevor Du das Päckchen oder Paket endgültig zuklebst, solltest Du den Schütteltest machen: Halte den Karton zu und schüttele ihn. Wenn Du etwas hörst, musst Du noch mal Deine Verpackungsmethode überdenken, wenn nicht, kannst Du ihn zukleben.

Einige Artikel sind empfindlich gegen Feuchtigkeit und die gibt es überall. Deshalb solltest Du Deinen Gegenstand in eine Plastikhülle stecken. Ideal wäre es natürlich, wenn Du ein Folienschweißgerät in der Küche stehen hast, dann schweißt Du diese noch zu. Ansonsten nimmst Du einfach ein Klebeband. Wegen der Feuchtigkeit solltest Du den Absender und die Empfängeradresse mit einem wasserfesten Stift schreiben. Für den Fall, dass die Adressen doch verschwinden oder der Aufkleber sich löst, könntest Du die Anschriften nochmals in den Karton legen.

Wenn Dein Artikel sehr empfindlich ist, solltest Du außerdem eine Auspack-Anleitung beifügen, die der Käufer beim Öffnen des Kartons findet. Falls Du aus Versehen dem Käufer zu hohe Versandkosten abgeknüpft hast, ist es ratsam, auf dem Postamt, das „überflüssige" Geld in einen Umschlag zu stecken und auf dem Päckchen festzukleben. Teile ihm dies per e-Mail mit, damit der Umschlag nicht auf dem Altpapier landet.

## 15.5. Kundenservice

Es gibt eine Sache, die jeder Geschäftsmann benötigt: die Kunden. Am besten ist es, wenn auch jeder Online-Auktionsverkäufer einen Kundenstamm hat, also Käufer die regelmäßig Deine Auktionen besuchen und mitbieten. Nachfolgend werden Dir ein paar Tipps genannt, wie Du diesen Kundenstamm aufbauen kannst:

Zeige Deinen Kunden, dass Du ein Experte auf einem bestimmten Gebiet bist. Dieses Wissensgebiet sollte etwas mit den angebotenen Artikeln zu tun haben. Dies beginnt schon mit einer informativ und professionell gestalteten Auktionsbeschreibung, in der Du detailliert den Artikel darstellst. Zeige ihnen, dass Du alles selbst verstehst, was Du da schreibst.

Beantworte auf jeden Fall Kundenanfragen. Wenn Dein Käufer das Produkt lobt, solltest Du ihm danken. Hat er eine Frage, solltest Du ihm diese beantworten. Denke an Deine Bewertungen! Wenn Du vergisst, e-Mails zu beantworten, könntest du Bewertungen wie „Schlechter Kontakt" oder „Langes Warten war angesagt" erhalten. Davon hast Du nichts.

Halte die Antworten kurz und präzise. Teile alle gewünschten Informationen mit und sei freundlich. Lass Dich aber auf keinen e-Mail-Krieg ein. Zeit ist Geld. Du solltest Dir auch eine Signatur unter jeder e-Mail zulegen. Das sieht professionell aus.

In Deinem e-Mail-Programm könntest Du Dir verschiedene Ordner anlegen: in einem sollten Entwürfe vorhanden sein, bei de-

nen Du dann nur noch Namen einfügen musst. Standardanfragen
sind:

1. Wann wurde der Artikel verschickt?
2. Wann hast Du das Geld erhalten?
3. Wie lange dauert der Versand?

Es darf sich aber auf keinen Fall wie ein Standardschreiben anhö-
ren. Bei Deinem Kundenservice solltest Du eine Balance zwischen
Zeit und Effektivität finden.

Bedanke Dich bei Ihnen noch bevor der Verkauf zustande
gekommen ist. Wofür Du Dich bedanken kannst:

- „Danke für das Interesse an meinem Artikel."
- „Danke für Dein Gebot."
- „Danke für Deine schnelle Bezahlung."
- „Danke für das Geschäft."

Gib dem Käufer nicht das Gefühl, dass es selbstverständlich ist,
dass er bei dir bietet und damit kauft.

Wenn Du an dem Artikel mehr verdient hast, als Du je angenommen hast, könntest Du dem Bieter doch einfach die Versandkosten
erlassen oder Extras in das Päckchen legen.

„Der Kunde ist König". Diesen Satz kennst Du bestimmt auch
schon. Du versuchst ständig Deine Kunden zufrieden zu stellen,
meistens funktioniert dies auch, aber es gibt immer wieder diese
Leute, die nie zufrieden sind. Einige Käufer bekommen nach dem
Ende der Auktion panische Angst. Hier sind ein paar Käufertypen,
die Schwierigkeiten machen könnten:

- **Neulinge / Anfänger:** bei Neulingen oder Anfängern muss
  es nicht unbedingt schwierig verlaufen, allerdings sind sie
  häufig verunsichert oder überängstlich, wenn sie ein Onli-
  ne-Geschäft abschließen und erst recht dann, wenn sie sogar

noch etwas im Voraus überweisen sollen. Nimm diese Art von Käufern einfach bei der Hand und sage ihnen Schritt für Schritt, was sie tun müssen. Bleibe immer freundlich auch, wenn sie vor der Bezahlung noch 10 Fragen haben. Vielleicht kaufen sie ja mal wieder bei Dir ein.

- **Ungeduldige Käufer:** Dieser Art von Käufertyp kann es nicht schnell genug gehen. Du bekommst stündlich e-Mails, in denen er fragt: Ist das Geld schon da? Ist das Paket schon abgeschickt? Wann kommt das Paket an? Kommuniziere einfach mit ihm, teile ihm es sofort mit, wenn sich irgendetwas ändert, zum Beispiel dann, wenn das Geld eingetroffen ist, wenn Du auf dem Postamt gewesen bist usw.

- **Ängstliche Käufer:** Sicherheit ist für diesen Käufer das allerwichtigste und wahrscheinlich wird er Dir nicht vertrauen. Es ist ihm egal, ob Du 500 positive Bewertungen oder eine perfekt gestaltete Artikelbeschreibung hast. Schreibe ihm genau, wie das Geschäft abläuft und biete ihm einen Treuhandservice an, deren Kosten er dann aber übernehmen muss. Kommuniziere ständig mit ihm.

- **Verschwundene Käufer:** Es gibt Käufer, die überbieten alle, melden sich dann aber nicht und zahlen auch nicht. Merkst Du dies, solltest Du diesen einen festen Zeitrahmen vorgeben. Weitere Informationen findest Du im Kapitel über nicht zahlende Käufer.

- **Nach-der-Auktion-über-den-Preis-Feilscher:** Auch wenn Du es nicht glaubst: Es gibt Käufer, die versuchen nach dem Kauf den Preis herunterhandeln zu müssen, nachdem die Auktion beendet ist. Dies geschieht häufig dann, wenn ein und derselbe Käufer mehrere Gegenständen vom gleichen Verkäufer ersteigert hat. Natürlich verringern sich in der Regel die Versandkosten, Du solltest aber keinen Preisnachlass deshalb geben, weil er mehrere Gegenstände von Dir gekauft hat.

- **Unzufriedene Käufer:** Einige Leute kannst Du nicht zufrieden stellen. Ob es jetzt Deine Zahlungsbedingungen, Deine Versandkosten oder der Auktionsgegenstand selbst ist, es gefällt ihm alles nicht. Wenn Du dies rechtzeitig merkst, solltest Du ihn fragen, ob er das Geschäft mit Dir nicht stornieren will. Wenn nicht, solltest Du alles später so verpacken und verschicken, dass Du Beweise hast. Wenn er Dir den Artikel zurückschickt und er noch im gleichen Zustand wie vorher ist, solltest Du ihm einfach das Geld erstatten. Es hat keinen Sinn mit solchen Leute Geschäfte zu machen.

## 15.6. Rückgabe des Artikels

Stelle Dir vor, Du stellst eine Marktanalyse für einen DVD-Player an, erstellst dafür eine tolle Artikelbeschreibung und erhältst ein sehr hohes Gebot. Dann packst Du den Artikel so ein, wie Du es gelernt hast und schickst ihn weg. Drei Tage später kommt der DVD-Player wieder mit dem Hinweis, dass er nicht funktionieren würde, obwohl Du ganz genau weißt, dass er noch lief, als Du ihn getestet hast. Vermutlich wollte auf diese Art und Weise jemand seinen alten funktionsuntüchtigen DVD-Player loswerden, indem er einen funktionierenden ersteigert hat, den unbrauchbaren zurückschickt und sein Geld zurückfordert. Es könnte Dir also passieren, dass Dir jemand einen Artikel zurückschickt, den Du ihm gar nicht übersandt hast. Um dem vorzubeugen kannst Du zum Beispiel Siegel anbringen mit dem Hinweis, dass Du die Ware nicht mehr zurücknimmst, wenn der Siegel zerstört wurde. Du kannst aber auch geheime Zeichen an dem Gegenstand anbringen, damit Du Deinen Artikel wieder erkennst. Beispiele:

- auf teuren Gegenständen mit glatter Oberfläche könntest Du mit einem Spezialstift einen Punkt anbringen, der nur unter Schwarzlicht (UV-Licht) sichtbar wird. Damit zerstörst Du den Gegenstand nicht, erkennst ihn aber immer unter Schwarzlicht wieder.
- Bei Stoffgegenständen (Kleidung, Kuscheltier usw.) könntest Du einen feinen Faden einnähen und ganz kurz abschneiden. Dieser fällt unter den ganzen anderen Fäden nicht auf. Denke daran, dass Du den Faden immer an der gleichen Stelle einnähst.
- Wenn Du Bücher verkaufst, könntest Du auf einer bestimmten Seite das letzte „o" ganz leicht mit einem Buntstift ausmalen.

Achte darauf, dass Du den Gegenstand nicht beschädigst. Wenn Du eine Digitalkamera oder einen Camcorder besitzt, solltest Du Dir die Mühe machen, den Gegenstand vor dem Versand ausreichend zu fotografieren. Denke an eine gute Verpackung, damit Dir der Bieter später nicht vorwerfen kann, Du hättest den Artikel nicht richtig verpackt. Wenn Du Ware verschickst, die sehr empfindlich ist, solltest Du die Rücknahmebedingungen auf einem Zettel der Sendung beilegen.

## 16. Bewertungen – nicht zu unterschätzen

Die meisten Online-Auktionshäuser führen ein Bewertungssystem. Nach Abschluss des Geschäftes sollen sich Käufer und Verkäufer gegenseitig bewerten. Viele Leute sagen, dass diese Bewertung nicht so wichtig und dies bei keinem ausschlaggebend sei. Es ist genau das Gegenteil der Fall. Während Anfänger und Neulinge das Bewertungssystem aus Unverständnis und Unerfahrenheit nicht nutzen, werden erfahrene Käufer Deine Bewertungen anschauen bevor sie Deine Ware kaufen.
Falls sie Kommentare wie

- Produkt nicht geliefert
- schlecht verpackt
- würde nicht wieder mit ihm handeln

vorfinden, werden sie nie Deine Artikel kaufen. Du benötigst hervorragende Bewertungen mit positiven Kommentaren, um richtig viel Geld zu verdienen. Bei vielen Auktionsplattformen benötigst Du sogar eine Mindestbewertungszahl, damit Du bestimmte Auktionen durchführen kannst. Wenn Du aber Qualität verkaufst, deren Wichtigkeit schon an anderer Stelle erläutert wurde, wirst Du schnell Deine Bewertungspunkte bekommen, wenn Du sie noch nicht haben solltest.

Allerdings gibt es diese nie zufriedenen Käufer, die laut schreien, dass sie Deinen Artikel nie oder spät bekommen haben. Alle wissen, dass dies nicht immer stimmt. Man kann nur versuchen, ein Gegenkommentar zu schreiben, der ihnen den Wind aus den Segeln nimmt. Ein paar schlechte Bewertungen machen nichts, zehn oder zwanzig schon.

Bevor Du teurere Dinge verkaufst, solltest Du eine Bewertung von mindestens 30 bis 40 haben. Dann bieten auch die ängstlicheren Käufer. Damit Du schnell auf diese Bewertungszahlen kommst, kannst Du ein paar billige Artikel für 1,00 Euro verkaufen. Du könntest aber anfangs auch einfach irgendwelche 1,00 Euro Dinge kaufen, dann wirst Du als Käufer bewertet, was aber keinen Unterschied macht. Gute Bewertungen zu bekommen ist einfacher als es klingt, wenn Deine Ware gut ist. Zusätzlich bieten einige Plattformen an, eine Seite einzurichten, auf der man sich vorstellt. Bietet Dein Auktionshaus diese Möglichkeit an, solltest Du sie wahrnehmen.

Auf keinen Fall solltest Du Dich mehrmals anmelden, mit Dir selbst handeln und Dir dann selbst Bewertungen geben.

# 17. Online-Auktionen als Werbemittel für Dein Geschäft

Hast Du schon mal daran gedacht mit Online-Auktionen Deine Produkte (fast) kostenlos bekannt zu machen?

Dazu ein paar Tipps:

1. Wenn Du Fragen von potentiellen Kunden beantwortest oder Du irgendwie mit denen in Kontakt gekommen bist, solltest Du unter jede e-Mail einen ansprechenden Hinweis auf Deine Homepage setzen. Dies kannst Du auch in jedem e-Mail-Programm automatisieren.
2. Als Anreiz könntest Du für den Höchstbieter oder alle Bieter, eine Probepackung oder ähnliches als Zugabe verschicken. So machst Du die Leute auf Deine Produkte aufmerksam
3. Wenn Du Deine Artikel verschickst, solltest Du ins Auge fallendes, gedrucktes Werbematerial über Deine Produkte beifügen (zum Beispiel Broschüren, Visitenkarten, Briefe usw.)
4. Füge bei jeder Auktion einen Hinweis auf Deine Homepage ein, auf der Deine Produkte beschrieben sind.

Übertreibe diese Marketing-Maßnahmen nicht, sei auf keinen Fall zu aufdringlich. Denke nämlich immer dran, dass der Käufer in der Regel die Versandkosten bezahlt und diese will er für den ersteigerten Artikel und nicht für Deine Werbung bezahlen.

# 18. Das Finanzamt

## 18.1. Gewerbe anmelden

Hoffentlich hast Du daran gedacht: Wenn Du professioneller Verkäufer wirst, musst Du Deine Tätigkeit anmelden. Dieses Buch soll keinen externen Berater oder andere Literatur ersetzen (eine Literaturvorschlagsliste findest Du auf meiner Homepage).

Sobald Du regelmäßig Waren einkaufst und diese versteigerst, betreibst Du automatisch ein Gewerbe und bist verpflichtet, dieses anzumelden. Die Anmeldung erfolgt beim zuständigen Amt bzw. Rathaus und kostet etwa zwischen 10,00 und 30,00 Euro. Einmal jährlich musst Du dann Deinen Gewinn ermitteln und diesen in Deiner Steuererklärung angeben.

Nach der Anmeldung erhältst Du nach einiger Zeit Post vom Finanzamt und der Industrie- und Handelskammer. Für das Finanzamt musst Du eine steuerliche Anmeldung tätigen, in der Du Angaben zu Deinen Umsätzen machst.

## 18.2. Steuern

Steuerliche Vergünstigungen gibt es für neue Unternehmer nicht. Du bist wie alle anderen Steuerzahler darauf angewiesen, die Steuergesetze zu Deinem Vorteil auszuschöpfen. Entweder eignest Du Dir das Fachwissen selbst an oder überlässt es einem Steuerberater, was aber sehr teuer werden kann. Es können im Einzelnen die folgenden Steuerarten auf Dich zukommen:

- **Umsatzsteuer**
  Die Umsatzsteuer (Du kennst sie wahrscheinlich als Mehrwertsteuer) muss jeder Unternehmer auf den Wert seiner erbrachten Leistung aufschlagen. Sie beträgt derzeit 16 %. Für einige Erzeugnisse und Dienstleistungen (Lebensmittel, Bücher, Zeitschriften u. a.) sind es 7 %. Die gesamte Umsatzsteuer, die Du Deinen Käufern berechnet hast, muss

satzsteuer, die Du Deinen Käufern berechnet hast, muss an das Finanzamt abgeführt werden. Umsatzsteuer, die Du an andere gezahlt hast (Vorsteuern), kannst Du von dem abzuführenden Betrag abziehen. Vorsteuern zahlst Du zum Beispiel, wenn Du Ware einkaufst. Unternehmer mit Umsätzen bis zu einer bestimmten Grenze, können sich auch von der Umsatzbesteuerung befreien lassen. Sie führen keine Umsatzsteuer ab und dürfen auch keine Vorsteuer ziehen. In der Regel muss zum 10. des Folgemonats nach dem Vorauszahlungszeitraum (Monat oder Quartal) das Geld überwiesen und die Umsatzsteuervoranmeldung abgeben werden. Am Jahresende wird eine Umsatzsteuererklärung erstellt. Dies ist sozusagen eine Endabrechnung des ganzen abgelaufenen Jahres.

- **Einkommensteuer**
  Als Gewerbetreibender hast Du Einkünfte aus Gewerbebetrieb und bist dann einkommensteuerpflichtig, wenn Du einen Gewinn erwirtschaftest. Erzielst Du Verluste, musst Du keine Steuern zahlen oder kannst diese mit anderen Einkunftsarten verrechnen, so dass Du eventuell sogar Steuern wiederbekommst, wenn Du noch eine Arbeit auf Lohnsteuerkarte verrichtest. Solltest Du allerdings über Jahre hinweg nur Verluste produzieren, kann es passieren, dass Dir die Gewinnerzielungsabsicht aberkannt wird, was bedeutet, dass Du dann mit Deinem Gewerbe nicht mehr einkommensteuerpflichtig bist. Verluste kannst Du dann nicht mehr abziehen. Einkommensteuer wird vierteljährlich auf Basis der letzten Steuererklärung in Form von Vorauszahlungen erhoben. Ist das Jahr abgelaufen, musst Du eine Einkommensteuererklärung abgeben.

- **Gewerbesteuer**
  Die Gewerbesteuer muss jeder Gewerbetreibende unter bestimmten Voraussetzungen an das Stadt- oder Gemeinde-

steueramt bezahlen. Die Berechnung der Gewerbesteuer erfolgt auf Grundlage des Gewinnes des Gewerbebetriebes. Dieser Betrag wird dann mit dem so genannten „Hebesatz" multipliziert, den jede Gemeinde eigenständig festlegt. Als Folge gibt es sehr unterschiedliche hohe „Hebesätze". Ein Mittelwert liegt etwa bei 350 %. Dies solltest Du bei Deiner Standortwahl berücksichtigen, falls Dein Online-Auktionsgeschäft so groß wird, dass Du es nicht mehr von zuhause betreiben kannst. Die Gewerbesteuer wird wie die Einkommensteuer vierteljährlich vorausbezahlt. Ist das Jahr abgelaufen, bist Du verpflichtet eine Gewerbesteuererklärung abzugeben. Diese Steuer sollte Dich erst interessieren, wenn Du vollberuflich in die Online-Auktionen einsteigst.

Sobald Du Gewinne machst, solltest Du davon einen gewissen Prozentsatz weglegen (etwa 20%). Dann hast Du Geld parat, wenn das Finanzamt Dich auffordert, Deine Steuern zu zahlen.

Die Steuern sollten Dich nicht davon abhalten, Geld mit Online-Auktionen zu verdienen. Du hast immer noch genug über und Du musst auch wirklich erst dann Steuern zahlen, wenn Du Gewinne erwirtschaftest

# 19. Zu guter letzt

Nachdem Du dieses Buch durchgearbeitet hast, bist Du in der Lage mit Deinen Online-Auktionen Geld zu verdienen. Denke immer an das ASQ-Prinzip. Solange Du dies im Hinterkopf hast, kann eigentlich nichts schief gehen. Ich hoffe jedenfalls, dass dieses Buch Dir geholfen hat und wünsche Dir sehr erfolgreiche Online-Auktionen.

# V. ANHANG

## 20. Meine Homepage

Wer kennt es nicht? Du hast Dir gerade ein neues Buch gekauft und
ein paar Tage später erscheint eine Neuauflage, weil sich zum Beispiel Gesetze oder Internet-Links geändert haben. Als Autor dieses
Buches habe mich gefragt, wie man dem entgegenwirken kann.

Ich habe mich dazu entschlossen, dieses Buch so allgemein wie
nötig, aber so praxisnah wie möglich zu schreiben. Der Vorteil liegt
darin, dass dieses Buch (hoffentlich) auch in drei oder vier Jahren
noch aktuell sein wird, denn die Grundsätze einer Online-Auktion
ändern sich in einer so kurzen Zeit nicht. Es mag sein, dass vorher
eine Neuauflage erscheint, dann aber nur weil die vorliegende Auflage ergänzt wurde. Dinge, die sich regelmäßig ändern wie aktuelle
Beiträge, Neuigkeiten, Tipps, Links und Software zum Thema
„Geld verdienen mit Online-Auktionen" findest Du kostenlos auf
meiner Homepage

*http://www.lars-heese.de*

Du kannst dieses Buch entweder alleine nutzen oder in Kombination mit der Homepage. Dies ist eine kostenlose Zugabe zu diesem
Buch. Ich behalte mir allerdings das Recht vor, die Homepage jederzeit einstellen zu können.

# 21. Checklisten

## 21.1. Schritt für Schritt zur erfolgreichen Online-Auktion

1. Produkt auswählen
2. Marktpreis erforschen
3. Einkaufspreis ermitteln
4. Kategorie wählen
5. Titel erstellen
6. Foto einscannen bzw. bereitstellen
7. Artikelbeschreibung erstellen
8. Auktion beobachten
9. e-Mail an Höchstbietenden schicken
10. Zahlungseingang überwachen
11. Artikel versenden
12. e-Mail an Höchstbietenden schicken
13. Bewertung abgeben

## 21.2. Mindestangaben in einer Artikelbeschreibung

Die nachfolgenden Checklisten dienen als Anhaltspunkt, was alles in eine Artikelbeschreibung hineingehört. Dies sind Mindestangaben. Du weißt ja: Je mehr Informationen Du den potentiellen Kunden gibst, desto höher ist deren Sicherheitsgefühl und desto mehr werden sie dann auf Deine Artikel bieten.

Fast keine Auktion enthält die nachfolgenden Mindestangaben, obwohl sie in der Regel einfach herauszufinden sind. Falls Du die eine oder andere Angabe nicht ermitteln kannst, ist dies auch nicht katastrophal. Du solltest Dir aber schon Mühe geben.

| Autos | • Hersteller<br>• Typ<br>• Farbe<br>• Baujahr<br>• PS bzw. KW<br>• Mängel<br>• TÜV<br>• Schlüsselnummer aus Fahrzeugschein<br>• Extras |
| --- | --- |
| Autogramme | • Bild in Originalgröße, eventuell Vergrößerung der Unterschrift<br>• Datum<br>• Von wem ist das Autogramm?<br>• Zustand<br>• Größe in cm<br>• Original-Unterschrift oder Druck |
| Bilder | • siehe Gemälde |
| Briefmarken | • Bild in starker Vergrößerung<br>• Erscheinungsjahr<br>• Tag des Stempels (wenn vorhanden)<br>• Zustand<br>• Land<br>• Marktpreis laut Katalog<br>• aufgedruckter Wert + Währung<br>• Gummierung |
| Bücher | • Foto von der Vorder- und nach Möglichkeit Rückseite<br>• Autor<br>• Titel<br>• Zustand<br>• Auflage<br>• ISBN-Nummer<br>• Erscheinungsjahr<br>• kurze Inhaltsangabe, eventuell Klappentext |

| | |
|---|---|
| | • Seitenanzahl<br>• Einbandart (Taschenbuch o. Hardcover) |
| **CD** | • Bild vom Cover<br>• Titel<br>• Interpret<br>• Zustand<br>• Erscheinungsjahr<br>• alle Lieder (alternativ: Rückseite scannen) |
| **Computerspiele** | • Screenshot und Foto vom Cover<br>• Titel<br>• Hersteller<br>• Sprache<br>• Systemvoraussetzungen<br>• Zubehör (Handbuch, Karton usw.)<br>• Erscheinungsjahr |
| **Digitalkameras** | • Foto von der Kamera<br>• Hersteller<br>• genaue Modellbezeichnung<br>• Farbtiefe<br>• Auflösung<br>• Bildformat<br>• Brennweite<br>• Blende<br>• Verschlusszeiten<br>• mögliche Anschlüsse<br>• Zubehör<br>• Akku<br>• Gewicht<br>• Zustand |
| **DVD** | • Bild vom Cover<br>• Titel<br>• Länge in Minuten<br>• Ländercode<br>• Sprachen<br>• Extras |

|  | • Produktionsfirma<br>• Namen der Hauptdarsteller<br>• Inhaltswiedergabe von der Rückseite (oder einscannen)<br>• Zustand |
|---|---|
| **eBooks** | • Screenshot<br>• Titel<br>• Autor<br>• Systemvoraussetzungen<br>• Größe |
| **Fotoapparate** | • Foto vom Fotoapparat<br>• Hersteller<br>• Genaue Modellbezeichnung<br>• Brennweite des Objektivs<br>• Blende<br>• Verschlusszeiten<br>• zu verwendende Filmart<br>• Zustand<br>• Gewicht<br>• Farbe<br>• Alter<br>• Zubehör |
| **Gemälde** | • Foto vom ganzen Bild<br>• Maler<br>• Titel<br>• Erstellungsjahr<br>• Maße<br>• Maltechnik<br>• Material<br>• Marktwert<br>• Rahmenmaterial (wenn vorhanden) |
| **Handys** | • Hersteller<br>• genaue Modellbezeichnung<br>• Farbe<br>• Mögliche Netze<br>• Zustand |

|  | |
|---|---|
|  | • Alter<br>• eventuelle Vertragsbedingungen<br>• Akku<br>• Zubehör |
| **Historische Wertpapiere** | • Foto von Vorder- und Rückseite<br>• Nominalwert<br>• Entwertungsmethode<br>• Unternehmen<br>• Land<br>• Ausgabedatum<br>• Maße |
| **Hörspiele** | • Cover einscannen<br>• Titel<br>• Reihe<br>• Inhaltsbeschreibung<br>• Zustand<br>• Produktionsfirma |
| **Kleidung** | • Foto von Vorder- und Rückseite<br>• Größe<br>• Material / Farbe<br>• Waschbarkeit<br>• Zustand (Löcher, Flecken usw.)<br>• Hersteller<br>• genaues Modell<br>• Alter |
| **Konzertkarten** | • Foto von der Karte, aber das Foto so verändern, dass man damit keine Fälschungen erstellen kann<br>• Künstler<br>• Titel der Veranstaltung<br>• Datum der Veranstaltung<br>• Ort der Veranstaltung<br>• Platz (Sitzplatz, Stehplatz, Reihe usw.)<br>• Anzahl der Karten |
| **MC** | Siehe CD |

| Möbel | • Foto vom Gegenstand<br>• Material / Farbe<br>• Abmessungen (eventuell Grundriss)<br>• Hersteller<br>• Zustand (Kratzer, Dellen usw.) |
|---|---|
| Münzen | • Foto von Vorder- und Rückseite<br>• Nominalwert<br>• Zustand<br>• Prägungsjahr<br>• Prägestätte<br>• Land / Währung |
| Musik-<br>instrumente | • Foto<br>• Hersteller<br>• Alter<br>• Zustand<br>• Farbe (Fotos können täuschen)<br>• Zubehör |
| Schallplatten | • Siehe CD |
| Schmuck | • Material<br>• Hersteller<br>• Legierung<br>• Gewicht<br>• Größe |
| Papiergeld | • Foto von Vorder- und Rückseite<br>• Nominalwert<br>• Zustand<br>• Druckjahr<br>• Seriennummer<br>• Land / Währung<br>• eventuell Druckstätte |
| Medaillen | • Foto von Vorder- und Rückseite<br>• Material (Silber, Gold usw.)<br>• Auflage (wenn bekannt) |

| | |
|---|---|
| | • Gewicht<br>• Durchmesser<br>• Motiv<br>• Wofür ist die Medaille?<br>• Zustand<br>• Prägungsjahr |
| **Unterhaltungs-elektronik** | • Foto vom Gegenstand<br>• Hersteller<br>• genaue Modellbezeichnung<br>• Farbe<br>• Anschlussvoraussetzungen<br>• Zustand<br>• Alter<br>• Zubehör<br>• Besonderheiten |
| **Videokassetten** | • Bild vom Cover<br>• Titel<br>• Länge in Minuten<br>• Produktionsfirma<br>• Namen der Hauptdarsteller<br>• Inhaltswiedergabe von der Rückseite<br>• Zustand<br>• System |
| **Videospiele** | • siehe Computerspiele |
| **Wein** | • Foto von Flasche<br>• Jahrgang<br>• Region<br>• Traubenart<br>• Trocken, halbtrocken, lieblich<br>• Füllmenge<br>• Verschlussart<br>• Prädikate |

## 21.3. Englische Begriffe rund um die Online-Auktion

Bevor Du Online-Auktionen weltweit eröffnest, solltest Du Dich mit den nachfolgenden Begriffen auseinandersetzen. Diese sind für die ausländischen Bieter selbstverständlich.

| | |
|---|---|
| **as is** | Wenn ein Auktionsgegenstand als „as is" angeboten wird, dann wird auf den Zustand des Gegenstandes keine Garantie durch den Verkäufer gegeben. Der Käufer ist dann selbst für Beurteilung des Gegenstandes verantwortlich. Ein Rückgaberecht ist in der Regel ausgeschlossen. Alternativ kann auch „as is, where is" und „in present condition" in der Auktion stehen. Im deutschsprachigen Raum ist es auch unter dem Begriff „gekauft wie gesehen" bekannt. |
| **auction duration** | Die vom Verkäufer festgelegte Auktionsdauer |
| **authentication** | Eine Methode, um zu bestimmen, ob ein Artikel echt und angemessen beschrieben ist. |
| **bid cancellation** | Die Absage eines Gebotes durch den Verkäufer. Während der Online-Auktion kann der Verkäufer ein Gebot rückgängig machen, wenn er sich bei einem Geschäft mit dem Bieter unbehaglich fühlt |
| **bid history** | Eine historische Liste mit allen Gebote seit Auktionsbeginn |
| **bid increment** | Der Standarderhöhungsschritt für das nächste Gebot. Dieser steigt in der Regel mit dem Wert des Artikels |
| **bid retraction** | Die Rücknahme eines Gebotes durch den Käufer während der Auktion |
| **bid rigging** | Betrügerisches Bieten durch den Verkäufer unter einem anderen Benutzernamen auf seine eigene Auktion, um den Preis in die Höhe zu treiben. Auch bekannt als „shilling" und „collusion". |
| **bid shielding** | Das Beschützen eines niedrigeren früheren Bieters durch ein extrem hohes Gebot |
| **bid siphoning** | Das Kontaktieren der Bieter und erstellen eine |

| | |
|---|---|
| | Angebotes über den gleichen Gegenstand wie bei der Auktion |
| **cashier's check** | Ein Scheck, dessen Wert bei der Bank gutgeschrieben wir |
| **current high bid** | Das aktuelle Höchstgebot |
| **deadbeats** | Hohe Bieter, die später nicht bezahlen |
| **escrow** | Geld, das durch einen Treuhandservice zurückgehalten wird, bis der Verkäufer die Ware geliefert hat |
| **featured auctions** | Bezahlte Auktionspositionierung am Anfang einer Kategorie oder auf der Titelseite |
| **feedback padding** | Fälschlicherweises Verteilen von positiver Bewertung, obwohl das Geschäft eigentlich negativ zu werten ist. |
| **final item price** | Der letzte Auktionspreis, also eigentlich das höchste Gebot |
| **final value fee** | Die Gebühren, die der Verkäufer nach dem Ende der Auktion zahlt |
| **grading** | Qualitative Untersuchung und Einstufung des Auktionsgegenstandes |
| **high bidder** | Der Bieter mit dem höchsten Gebot |
| **high successful bidder** | Der Bieter mit dem höchsten erfolgreichen Gebot |
| **IMHO** | Abkürzung für „in my humble opinion", zu deutsch: „meiner bescheidenen Meinung nach" |
| **initial listing price** | Der Startpreis einer Auktion |
| **insertion fee** | Einstellgebühr, die der Käufer für die Einstellung des Artikels bezahlt, unabhängig davon, ob der Artikel verkauft wird oder nicht. |
| **low successful bidder** | Der Bieter, der den niedrigsten möglichen Preis für die verbleibende Auktionsmenge geboten hat, meistens der letzte Auktionspreis |
| **market value** | Der Preis, den ein Gegenstand auf dem freien Markt einbringt. |
| **maximum bid** | Der Betrag, den ein Bieter zu zahlen bereit ist (der Höchstbetrag). |
| **minimum opening bid** | Abzugebendes Mindestgebot |
| **NARU** | Abkürzung für „not a registered user." Dies ist eine Bezeichnung für Mitgliedschaften, die aufgegeben wurden. |

| NR | Abkürzung für „no reserve", d. h. dass der Verkäufer keinen Mindestpreis festgelegt hat. |
|---|---|
| outbid | Das Überbieten eines Gebotes des letzten vorherigen Höchstbieters |
| listing options fee | Extra-Gebühr, die für besondere Hervorhebungen oder ähnliches zu zahlen ist (Fettschrift, Leuchtstreifen usw.) |
| proxy bid | Automatisches Bieten, das das Gebot jedes Mal erhöht, wenn das aktuelle Gebot überboten wird. |
| registered user | Ein registrierter Benutzer einer Auktionsplattform |
| re-listing | Wiedereinstellen einer Auktion, wenn keine Gebote abgeben wurden. |
| reserve price | Mindestpreis, der erreicht werden muss, damit der Verkauf zustande kommt. |
| sniping | Das Überbieten in den letzten Sekunden vor dem Ende der Auktion |
| starting price | Der Startpreis einer Auktion |
| successful bidders | Alle Bieter, die den Auktionszuschlag erhalten haben |
| terms of service | Allgemeine Geschäftsbedingungen |
| user information request | Die Anfrage nach persönlichen Informationen, wie zum nach Beispiel der e-Mail-Adresse |

# STICHWORTVERZEICHNIS

www.ingramcontent.com/pod-product-compliance
Lightning Source LLC
La Vergne TN
LVHW042340060326
832902LV00006B/281